Conteúdo digital exclusivo!

Cadastre-se e transforme seus estudos em uma experiência única de aprendizado!

Acesse agora

Portal:
www.editoradobrasil.com.br/crescer

Código de aluno:
2225670A1074474

Lembre-se de que esse código é pessoal e intransferível. Guarde-o com cuidado, pois é a única forma de você utilizar os conteúdos do portal.

Katia Mantovani

CRESCER
Ciências

3º ano

Dados Internacionais de Catalogação na Publicação (CIP)
(Câmara Brasileira do Livro, SP, Brasil)

Mantovani, Katia
 Crescer ciências, 3º ano / Katia Mantovani. –
1. ed. – São Paulo: Editora do Brasil, 2018. –
(Coleção crescer)

 ISBN 978-85-10-06794-2 (aluno)
 ISBN 978-85-10-06795-9 (professor)

 1. Ciências (Ensino fundamental) I. Título. II.
Série.

18-15348 CDD-372.35

Índices para catálogo sistemático:
1. Ciências: Ensino fundamental 372.35
Maria Alice Ferreira – Bibliotecária – CRB-8/7964

1ª edição / 1ª impressão, 2018
Impresso no Parque Gráfico da Editora FTD

Rua Conselheiro Nébias, 887
São Paulo, SP – CEP 01203-001
Fone: +55 11 3226-0211
www.editoradobrasil.com.br

© Editora do Brasil S.A., 2018
Todos os direitos reservados

Direção-geral: Vicente Tortamano Avanso

Direção editorial: Felipe Ramos Poletti
Gerência editorial: Erika Caldin
Coordenação de arte: Cida Alves
Supervisão de revisão: Dora Helena Feres
Supervisão de iconografia: Léo Burgos
Supervisão de digital: Ethel Shuña Queiroz
Supervisão de controle de processos editoriais: Marta Dias Portero
Supervisão de direitos autorais: Marilisa Bertolone Mendes

Supervisão editorial: Angela Sillos
Coordenação pedagógica: Maria Cecília Mendes de Almeida
Consultoria técnico-pedagógica: Margareth Polido e Maria Regina de Campos
Edição: Luciana Keler M. Corrêa e Rafael Braga de Almeida
Assistência editorial: Ana Caroline Rodrigues de M. Santos
Coordenação de revisão: Otacilio Palareti
Copidesque: Liege Marucci
Revisão: Andréia Andrade e Maria Alice Gonçalves
Pesquisa iconográfica: Elena Ribeiro, Jonathan Santos, Léo Burgos e Odete Ernestina
Assistência de arte: Carla Del Matto
Design gráfico: Andrea Melo
Capa: Megalo Design e Patrícia Lino
Imagem de capa: Márcia Braun Novak
Ilustrações: Condutta, Cristiano Lopez, Dawidson França, Douglas Ferreira, Eduardo Belmiro, Estúdio Degradê, Luis Moura, Luiz Eugenio, Marcel Borges, Marcos de Mello, Mauro Salgado, Paula Lobo, Paulo Márcio Esper, Rodrigo Alves e Vagner Coelho
Produção cartográfica: Alessandro Passos da Costa, DAE (Departamento de Arte e Editoração) e Sonia Vaz
Coordenação de editoração eletrônica: Abdonildo José de Lima Santos
Editoração eletrônica: Setup
Licenciamentos de textos: Cinthya Utiyama, Jennifer Xavier, Paula Harue Tozaki e Renata Garbellini
Controle de processos editoriais: Bruna Alves, Carlos Nunes, Jefferson Galdino, Rafael Machado e Stephanie Paparella

Querido aluno,

Este livro foi feito pensando em você. O conteúdo selecionado e as atividades propostas têm o objetivo de ajudá-lo a compreender diferentes fenômenos que acontecem na natureza.

Esperamos que você aceite nossos desafios e questione, reflita, procure soluções e, por fim, faça novas perguntas sobre os fatos científicos. Esperamos também que essas vivências se juntem às suas experiências e contribuam para seu desenvolvimento escolar.

Com carinho,

A autora

Sumário

Unidade 1
O planeta Terra e o Sol 7
Dia e noite 8
   Também quero fazer – Observação do céu.......................9
   O céu diurno e o céu noturno 10
   Giramundo – Mistérios da meia-noite? Que nada!.................. 12
A forma da Terra 14
   Representações da Terra 15
   Também quero fazer – Modelo da Terra 16
O que estudamos **19**
Retomada **20**
Periscópio **22**

Unidade 2
A água no planeta Terra 23
Muita água no planeta! 24
   A água da Terra 25
   Leio e compreendo – Formas de representação 26
   Água salgada e água doce............27
Água potável e água pura 29
O que estudamos **31**
Retomada **32**
Periscópio **34**

Unidade 3
O solo do planeta Terra .. 35
Há vida no solo 36
Componentes do solo....................37
   Também quero fazer – Observação do solo................... 38
Tipos de solo 40
   Permeabilidade do solo..................41
   Você e... o solo **41**
Importância do solo.......................42
   O cultivo do solo 43
   Você e... o cultivo do solo **44**
   Outros usos do solo 45
Atitudes que prejudicam o solo 46
O que estudamos **49**
Retomada................................. **50**
Periscópio **52**

Unidade 4
O ar no planeta Terra...... 53
O ar atmosférico............................ 54
   Composição do ar........................56
   Também quero fazer – Cata-vento.................................57
   O ar em movimento.......................58
O que estudamos **61**
Retomada................................. **62**
   Construir um mundo melhor – Terra: água, solo, ar e vida! 64
Periscópio **66**

Unidade 5
Som 67
Raio: relâmpago e trovão 68
Os sons dos lugares 69
- Você e... os sons.......................... 70
- Também quero fazer – Um telefone de copos................................... 71
- Também quero fazer – Vibrações provocadas pelo som..................... 72

O som é transmitido por ondas 73
- Também quero fazer – Velocidade do som 75
- Giramundo – Como surgiram os instrumentos musicais.................... 76

Órgãos da audição........................ 78
Saúde das orelhas......................... 80
- Poluição sonora............................ 81

O que estudamos 83
Retomada..................................... 84
Periscópio 86

Unidade 6
Luz 87
Transparência demais pode dar problema 88
A luz e os olhos............................. 89
A luz e os objetos......................... 90
- Também quero fazer – A luz nos objetos 91

Materiais transparentes, translúcidos e opacos..................... 92
A formação da sombra.................. 93
- Também quero fazer – Fenômenos relacionados à luz.. 95

A refração da luz 96
Os espelhos 97
- Investigando os espelhos 98

Cuidados com a visão 99
O que estudamos 101
Retomada....................................102
Periscópio 104

Unidade 7
Os animais 105
É animal ou é planta? 106
- Características dos animais 107
- Você e... os animais vertebrados................................112

O que estudamos 119
Retomada.................................... 120
Periscópio 122

Unidade 8
Desenvolvimento dos animais 123
Reprodução dos animais.............. 124
- Fecundação interna e externa 126
- Desenvolvimento dos animais..................................128

O que estudamos 133
Retomada.................................... 134
- Construir um mundo melhor – Extinção de seres vivos 136

Periscópio 138

Referências 139
Material complementar............ 141

UNIDADE 1
O planeta Terra e o Sol

O marinheiro está navegando de dia ou à noite? Você decide!

1. Complete a imagem pintando com as cores apropriadas para o período que você escolheu: dia ou noite!

- O marinheiro está navegando durante
_____.

Dia e noite

O professor de uma turma do 3º ano pediu aos alunos que fizessem um desenho realista do céu visto de dia ou de noite. Uma aluna escolheu desenhar o céu como é visto à noite e levou seu trabalho para o professor.

Representação artística do céu durante a noite feita por uma aluna do 3º ano.

Pense e converse

- O que você achou do desenho da aluna? Ele está de acordo com a realidade?
- Se você fosse o professor, o que falaria para a aluna ao avaliar o desenho?

Comente suas ideias com os colegas e o professor.

Também quero fazer

Observação do céu

O que pode ser visto no céu de dia? E à noite? Anote suas ideias.

___

Material:
- 1 folha de papel sulfite branca;
- 1 folha de papel espelho preta;
- lápis de cor;
- giz de cera branco.

Modo de fazer

1. Na companhia de um adulto responsável por você, observe o céu durante a noite.
2. Desenhe e nomeie o que viu na folha de papel preta usando o giz de cera branco.
3. Depois, na escola, com o professor e os colegas, observe o céu durante o dia.
4. Desenhem na folha de papel branca o que viram e escrevam o nome de cada item desenhado.

Conclusão

De acordo com o que você observou, suas ideias se confirmaram? Explique sua resposta.

___

O céu diurno e o céu noturno

Um dia tem 24 horas, mas as pessoas costumam chamar de **dia** apenas o período em que há claridade do Sol. O período em que está escuro é chamado de **noite**.

Você já deve ter percebido que o **céu diurno** (período claro) e o **céu noturno** (período escuro) apresentam diferenças; entre elas a luminosidade e os **astros** visíveis no céu.

> **Astro:** corpo celeste, ou seja, que existe no espaço, como o Sol, a Lua e os planetas.

As imagens não estão representadas na mesma proporção.

Dia

luz do Sol clareia o dia

céu azul e às vezes com nuvens

componentes do ambiente bem visíveis

Paisagem diurna do Morro Dois Irmãos. Fernando de Noronha, Pernambuco, 2013.

Noite

Lua visível quase sempre

céu escuro e com estrelas

componentes do ambiente pouco visíveis

Paisagem noturna do Morro Dois Irmãos. Fernando de Noronha, Pernambuco, 2013.

À noite é possível observar a Lua, as estrelas e até os planetas no céu.

1. Volte à página 8. Agora, como você avalia o desenho feito pela aluna? E o que falaria para ela?

Atividades

1. As imagens a seguir mostram um mesmo ambiente em dois períodos diferentes.

a) O que aconteceria se o astro visível no ambiente **A** fosse colocado no ambiente **B**?

☐ Uma noite com Sol.   ☐ A noite se tornaria dia.

b) Em qual dos períodos acima uma pessoa consegue enxergar melhor o ambiente?

☐ Imagem **A**.   ☐ Imagem **B**.

2. Leia o texto abaixo e responda à questão.

[...] Se você mora em uma cidade grande, pode dar um passeio à noite e conferir: são muitos postes de luz [...] na astronomia, o problema é a visibilidade: quando existe muita iluminação em uma cidade, o céu fica com uma cor esbranquiçada ou alaranjada que prejudica a observação [...].

Ciência Hoje das Crianças. Disponível em: <http://chc.org.br/muita-iluminacao-pouca-visao>. Acesso em: 30 set. 2017.

- Você já reparou que, durante a noite, o céu parece mais estrelado na zona rural do que na cidade? Explique por quê.

11

Giramundo

Mistérios da meia-noite? Que nada!

Você tem medo de escuro? Esse medo é bastante comum.

A falta de luz limita o sentido da visão, e assim as pessoas têm menos informações do ambiente. Por conta disso, quanto menos sabem onde estão, mais receio passam a ter.

Como de noite não há luz do Sol, as pessoas acabaram imaginando histórias de seres fantásticos.

Essas histórias fazem parte do **folclore**.

O Saci, a Cuca, o Boitatá e o Curupira são alguns personagens conhecidos no Brasil.

> **Folclore:** costumes, danças e histórias contadas pelas pessoas e transmitidas oralmente ao longo do tempo, que se tornaram tradicionais em uma região.

Saci   Cuca   Boitatá   Curupira

Além desses, há mais personagens, típicos de cada região do país. Veja alguns exemplos.

Representação artística do mapa de regiões do Brasil com exemplos de figuras folclóricas.

As cores e as proporções representadas não são as reais.

1. Escolha um desses personagens e pesquise sobre ele em livros ou na internet. Em uma folha de papel separada, escreva o que você descobriu. Para completar o trabalho, represente o personagem com um desenho. Depois, com os colegas e o professor, organize uma exposição dos trabalhos na sala de aula.

13

A forma da Terra

Hoje em dia já se sabe que a Terra é arredondada, como se fosse uma bola.

Chegar a esse conhecimento não foi fácil, a ciência teve de avançar bastante. E somente foi possível obter uma imagem que confirmasse essa ideia há pouco mais de 50 anos, quando foi tirada a primeira fotografia do planeta visto do espaço.

Planeta Terra visto do espaço.

1. No passado, quando ainda não existiam máquinas como foguetes ou satélites artificiais que pudessem sair da Terra para fotografá-la, como você acha que as pessoas imaginavam o formato do planeta?

Conte suas ideias aos colegas e ao professor.

Representações da Terra

Antes de conhecer a real forma do planeta, as pessoas o imaginavam com os mais variados formatos.

A mais antiga representação da superfície terrestre de que se tem notícia tem cerca de 6 mil anos. Ela foi feita pelos povos antigos, em uma tábua de argila, com base nas descrições de viajantes.

Com o passar do tempo, surgiram outras representações da Terra.

Os hindus, habitantes da Índia, imaginavam que a Terra era como a metade de uma esfera sustentada por elefantes. E que o conjunto era carregado nas costas de uma tartaruga.

Em uma época da história, as pessoas achavam que a Terra era plana e que além das bordas do planeta estava o fim do mundo, onde havia enormes abismos.

Tablete em argila com representação do mundo pelos babilônios.

As imagens não estão representadas na mesma proporção.

Representação da Terra de acordo com o que o povo hindu imaginava.

Representação da Terra feita por povos antigos que acreditavam que ela era plana.

15

As representações atuais são preparadas com base em fotografias do planeta visto do espaço. Essas imagens são obtidas pelos **satélites artificiais**.

> **Satélite artificial:** equipamento lançado ao espaço que carrega instrumentos usados para obtenção de informações.

Representação artística de um satélite artificial transmitindo informações para a Terra.

Também quero fazer

Modelo da Terra

Material:
- 1 bola de isopor de 6 cm de diâmetro;
- 1 quadrado de isopor com 10 cm de lado;
- tesoura e cola;
- 1 palito de churrasco sem ponta;
- o **Material complementar** da página 141.

Modo de fazer

1. Recorte o molde nas linhas tracejadas e passe cola no verso dele.
2. Cole a figura na bola de isopor.
3. Espete o palito no encontro dos gomos da bola e, depois, no quadrado de isopor.

Conclusão
O que você construiu?

Globo terrestre e planisfério

Na atividade anterior, você construiu o **globo terrestre**, que é a representação mais fiel do planeta, porque mostra a sua forma arredondada. Com base nele é desenhado o **planisfério** ou **mapa-múndi**, que representa todas as áreas da Terra em um plano, como uma folha de papel, por exemplo. Veja a seguir.

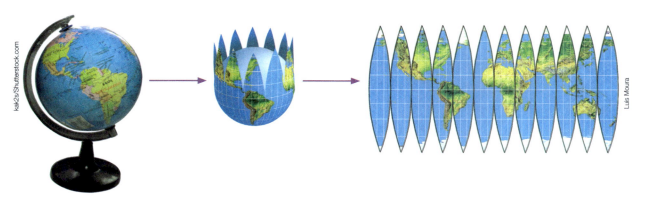

Modelo que representa como a imagem do globo terrestre é transferida para o planisfério.

Observe o planisfério pronto e perceba que foi necessário fazer alguns ajustes em comparação ao globo terrestre.

Planisfério

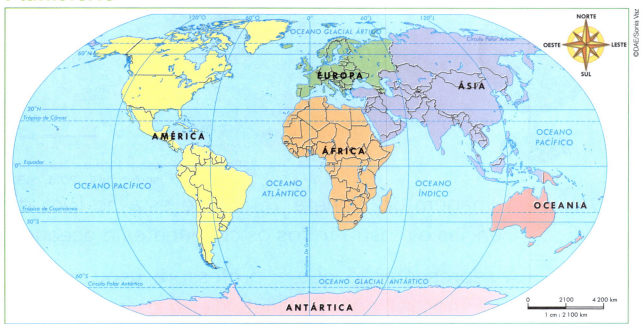

Fonte: *Atlas geográfico escolar*. 7. ed. Rio de Janeiro: IBGE, 2016. p. 32.

17

Atividades

1. Compare o planisfério com o globo terrestre e responda às questões propostas.

a) O que essas representações têm de semelhante?

_____

_____

_____

b) O que elas têm de diferente?

_____

_____

_____

2. Leia os textos a seguir e indique, com as letras que correspondem a cada termo, qual é a forma de representação da Terra mais adequada a cada situação.

a) globo terrestre   b) planisfério

Fonte: *Atlas geográfico escolar*. 7. ed. Rio de Janeiro: IBGE, 2016. p. 32.

☐ A imagem do planeta Terra que está no livro de Ciências e mostra todos os continentes e oceanos.

☐ A representação que a professora usou na aula para mostrar que o planeta Terra é arredondado e possibilita visualizar os continentes e oceanos.

O que estudamos

- Um dia tem 24 horas. As pessoas chamam **dia** o período em que está claro e **noite** quando está escuro.
- O céu diurno e o céu noturno são diferentes quanto à luminosidade e aos astros visíveis no céu.
- O uso de recursos tecnológicos possibilitou confirmar que a Terra tem formato arredondado.
- Alguns povos do passado acreditavam que a Terra tinha outro formato.
- Globo terrestre, planisfério e fotografias do planeta tiradas do espaço são representações da Terra.

Deserto Salar de Uyuni, Bolívia, 2014.

Retomada

1. Faça um **X** na resposta correta.

   a) O dia sempre tem:
   - ☐ 12 horas de claridade.
   - ☐ 12 horas de escuridão.
   - ☐ 24 horas de duração.
   - ☐ 12 horas de duração.

   b) Durante a fase clara do dia:
   - ☐ os componentes do ambiente ficam pouco visíveis.
   - ☐ a luz do Sol ilumina o ambiente.
   - ☐ é possível ver várias estrelas no céu.

   c) À noite:
   - ☐ os componentes do ambiente ficam bastante visíveis.
   - ☐ no céu sempre se vê a Lua.
   - ☐ o ambiente fica pouco iluminado.

   d) A representação mais fiel do planeta Terra:
   - ☐ é o planisfério.
   - ☐ são os mapas antigos.
   - ☐ é o globo terrestre.
   - ☐ é o mapa-múndi.

   e) A parte azul do planisfério representa:
   - ☐ os mares e oceanos.
   - ☐ as porções secas do planeta.
   - ☐ os únicos lugares onde existe vida.

2. Complete as frases a seguir.

a) O _____ é o astro que ilumina o dia.

b) Na maioria das noites, é possível ver a _____ e as _____.

c) Os _____ captam imagens que possibilitam saber como o planeta Terra é visto do espaço.

d) O _____ é a representação mais fiel de nosso planeta.

e) O _____, também chamado de mapa-múndi, é a representação da Terra em um plano.

3. No filme de animação *Monstros S.A.*, uma menina tem medo da noite, pois o bicho-papão aparece para assustá-la. Com o tempo, ela fica amiga desses "seres do outro mundo".

a) O que acontece no período da noite que desperta o medo da menina?

_____

b) Os personagens Cuca, Boitatá, Bicho-Papão, Curupira etc. fazem parte de qual grupo de histórias?

_____

Periscópio

📖 Para ler

Noite e dia na aldeia, de Tiago Hakiy. Curitiba: Positivo, 2016.
Narração poética de grupo indígena sobre a integração das crianças e dos bichos com elementos da noite e do dia.

Luz de dentro ou de fora?, de Nye Ribeiro. São Paulo: Editora do Brasil, 2010.
Vítor tem medo do escuro. Para superar essa situação, terá de usar as armas que todos nós temos para enfrentar os desafios.

👆 Para acessar

De onde vem o dia e a noite? Episódio 8 da série de animação da personagem Kika, que desta vez responde à pergunta que dá nome ao programa.
Disponível em: <http://tvescola.org.br/tve/video/de-onde-vem-de-onde-vem-o-dia-e-a-noite>. Acesso em: 28 mar. 2017.

Planetário virtual: o *site* da Universidade Federal do Rio Grande do Sul (UFRGS) disponibiliza visita ao planetário virtual. Disponível: <www.ufrgs.br/planetario/passeiovirtual.html>.
Acesso em: 10 out. 2017.

22

UNIDADE 2
A água no planeta Terra

1. Circule as situações em que a água está sendo usada pelos moradores desta casa.

Muita água no planeta!

Veja as imagens que estavam sendo mostradas na televisão.

Vista do Rio Amazonas. Amazonas, 2015.

Cataratas do Iguaçu. Foz do Iguaçu, Paraná, 2015.

Praia em Itacaré. Bahia, 2013.

As imagens não estão representadas na mesma proporção.

Pense e converse

- Se você fosse o pai dessas crianças, o que diria ao menino?

Comente suas ideias com os colegas e o professor.

24

A água da Terra

Na unidade anterior, você aprendeu que o globo terrestre é uma forma de representar o planeta. A parte azul do globo representa os oceanos.

A **água líquida** não está presente apenas nos oceanos. Ela também forma rios, lagos, nuvens, aquíferos – que são um tipo de depósito de água subterrâneo – e faz parte do corpo dos seres vivos. Nas geleiras também há água, só que na forma de **gelo**. No ar, a água se encontra na forma de **vapor**, que não é visível.

Nuvens no céu.

Geleiras flutuando no mar.

O corpo dos animais e dos vegetais é constituído também de água.

As cores e as proporções entre as estruturas representadas não são as reais.

Esquema simplificado de um aquífero. Ele se forma pela infiltração da água da chuva no solo.

25

Leio e compreendo

Formas de representação

Leonardo comprou 1 litro de suco concentrado de uva. Na embalagem está escrito que essa quantidade faz 8 litros de refresco de uva. Portanto, Leonardo precisa misturar 7 litros de água ao suco concentrado para que obtenha os 8 litros de refresco para beber.

Observe essa situação mostrada de maneira visual ou gráfica.

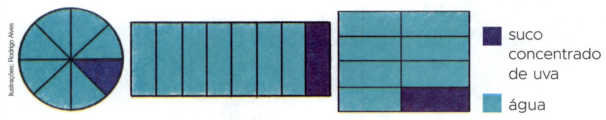

Relação entre quantidades de suco concentrado de uva e água.

Se fosse possível dividir a superfície do planeta Terra em quatro partes iguais, três partes estariam cobertas por água e uma parte não.

1. Escreva na representação ao lado o nome dessas partes.

2. Qual parte da superfície da Terra é maior, a coberta por água ou a não coberta?

Representação de quanto da superfície do planeta é ocupada por água.

Fonte: Arlindo Philippi Jr. *Saneamento, saúde e ambiente*: fundamentos para um desenvolvimento sustentável. São Paulo: Manole, 2005.

Água salgada e água doce

É comum as pessoas falarem de água salgada e água doce.

1. Você sabe qual é a diferença entre elas?

2. Onde você acha que há água salgada? E água doce?
   - Conte suas ideias aos colegas e ao professor.

A água do mar é salgada. Água doce é a que não é salgada, mas não tem gosto doce, como o açúcar. Esse tipo de água é o mais usado para consumo.

A maior parte da água do planeta é salgada e faz parte dos oceanos. O volume de água doce é composto de rios, lagos, geleiras e aquíferos e é muito pequeno. Além disso, grande parte dessa água não é acessível, pois está em regiões profundas do solo ou na forma de gelo nos polos.

Veja, ao lado, como pode ser representada a proporção de água doce em relação à água salgada do planeta. Em seguida, escolha uma cor para representar a água salgada e pinte os quadrados relativos a ela.

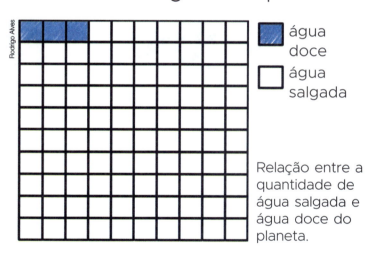

Relação entre a quantidade de água salgada e água doce do planeta.

1. Agora responda:
   a) Quantos quadrados representam a água doce do planeta? E quantos representam a água salgada?

   _____

   b) Que consequências a diferença entre a quantidade de água doce e a de água salgada no planeta pode ter na vida das pessoas? Conte suas ideias aos colegas e ao professor.

27

 **Atividades**

As imagens não estão representadas na mesma proporção.

1. Observe as imagens e escreva outros usos da água doce que elas representam.

2. As fotografias abaixo mostram situações em que os rios e oceanos são importantes para as pessoas.

Porto de Galinhas, Pernambuco, 2016.

Rio Amazonas, Pará, 2017.

• Complete a legenda dessas imagens.

Em rios e oceanos ocorrem prática de __s__o__t__s, atividades de l__z__r e transporte de mercadorias e p__s__o__s.

Água potável e água pura

1. Na fotografia ao lado a água está transparente. Será que ela pode ser bebida? Explique.

_____

Copo com água.

A água que pode ser bebida ou usada para preparar os alimentos é chamada de **potável**. Ela não provoca doenças nem faz mal à saúde das pessoas.

O fato de ser transparente não quer dizer que a água seja potável. Mesmo parecendo limpa, ela pode conter **microrganismos** causadores de doenças. Esses seres são tão pequenos que não é possível vê-los a olho nu.

Volte à resposta que você deu à questão do início da página. Você considerou que a água só pode ser bebida quando se tem certeza de que é potável? Não importa que ela esteja transparente, lembre-se de que alguns seres não são visíveis a olho nu e podem causar doenças.

Você já sabe que a água potável não faz mal à saúde. Mas será correto dizer que ela é **pura**? Não. Água pura é a que não tem nada misturado nela.

Na água potável estão dissolvidas substâncias chamadas sais minerais, que também são importantes para que o corpo se mantenha saudável.

As imagens não estão representadas na mesma proporção.

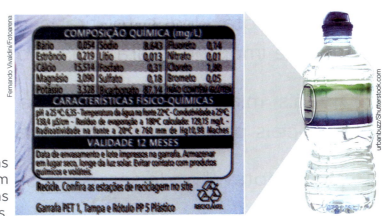

Os rótulos das embalagens de água mineral mostram algumas das substâncias nela dissolvidas.

Atividades

1. Paula e Beto encontraram uma fonte de água inaugurada no dia 25 de abril de 1931.

   Como estavam com sede, Paula disse:

   — Vou beber dessa água! Com certeza é água pura!

   Beto falou:

   — Não beba, essa fonte é de 1931. A água deve estar velha.

   Qual dos dois irmãos tem razão? Justifique.

Fonte de água. São Bernardo do Campo, São Paulo, 2014.

_____

_____

_____

2. Leia cada sentença e escreva **V** se for verdadeira e **F** se for falsa.

   ☐ Beber água pura é importante para a manutenção da saúde.

   ☐ A água potável que foi tirada de uma fonte muito antiga é imprópria para consumo.

   ☐ Os sais minerais dissolvidos na água potável são essenciais para a manutenção da saúde.

   ☐ A água potável pode ser usada para beber e preparar alimentos.

30

O que estudamos

- A água líquida compõe oceanos, rios, lagos e nuvens. Também é encontrada em aquíferos. Nas geleiras, existe água na forma de gelo. No ar, também há água na forma de vapor, que é invisível.

- A maior parte da água que há no planeta é salgada e faz parte dos oceanos.

- O volume de água doce na Terra é muito pequeno: é composto por rios, lagos, geleiras e aquíferos.

- A maior parte da água doce não é facilmente acessível. Está em regiões profundas do solo ou na forma de gelo nos polos.

- Água potável é a que pode ser bebida ou usada para preparar alimentos. Ela não provoca doenças nem faz mal à saúde das pessoas.

- A água potável não é pura; nela estão dissolvidos sais minerais, que são componentes importantes para a manutenção da saúde.

Cachoeira de Godafoss, Islândia, 2016.

Retomada

1. Observe as fotografias e classifique-as utilizando as letras que correspondem à função da água representada em cada uma delas.

A – Atividades de lazer.

B – Prática de esportes.

C – Transporte de pessoas e mercadorias.

As imagens não estão representadas na mesma proporção.

2. Escreva se a água em cada região indicada pela ponta da seta está na forma de vapor, gelo ou líquido.

Forma de: _____

Forma de: _____

Forma de: _____

Lago e geleira. Islândia, 2014.

As cores e as proporções entre as estruturas representadas não são as reais.

3. A imagem abaixo representa alguns locais onde existe água na natureza. Escreva o que os números indicam.

Representação simplificada de alguns locais em que há água na natureza.

_____

_____

33

Periscópio

📖 Para ler

Tanta água, de Marta Bouissou Morais. Belo Horizonte: Dimensão, 2012.

Esse livro discute a importância dos recursos hídricos para a regulação do clima e da vida na Terra, além das medidas para a conservação da água.

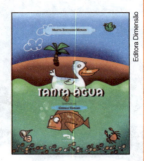

O caminho do rio, de Elza Yasuko Passini. Belo Horizonte: Dimensão, 2012.

Os córregos se tornam riacho, que deságua no rio, que desemboca no mar: o caminho percorrido pelas águas de um rio da nascente à foz é o tema dessa obra, destinada a crianças dos primeiros anos do Ensino Fundamental.

A história da água, de Jacqui Bailey e Matthew Lilly. São Paulo: DCL, 2008. (Coleção Ciência Viva).

Esse livro revela os caminhos que a água percorre antes de encher nosso copo, além de descrever a formação das chuvas, a água no lençol freático, a utilização doméstica e industrial da água e os processos de tratamento.

▶ Para assistir

Frozen, uma aventura congelante, direção de Chris Buck e Jennifer Lee, 2013.

O filme conta as aventuras de duas irmãs que moram em uma região fria, onde há muita água na forma de gelo.

O solo do planeta Terra

1. Esta imagem representa o interior do solo. Nela há uma mensagem escondida. Para decifrar o que ela diz, siga o pontilhado e descubra as pistas no nome de cada ser vivo da ilustração.

As cores utilizadas e as proporções entre as dimensões dos seres vivos não são as reais.

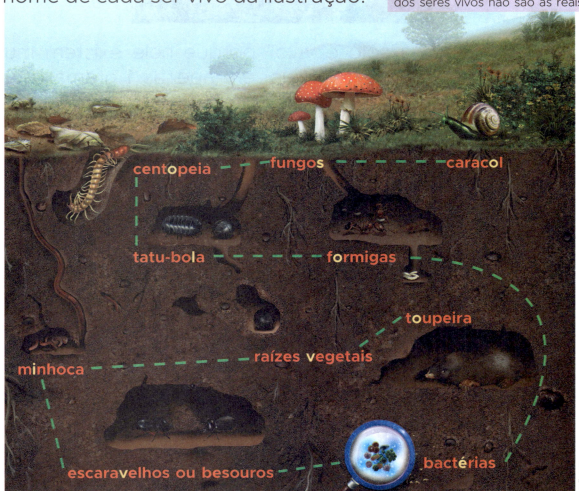

Representação simplificada de corte do solo.

- A mensagem é: _____

35

Há vida no solo

Na atividade anterior, você viu que, além de plantas, existem outros seres que vivem enterrados no solo. É o caso, por exemplo, das minhocas.

A minhoca é um dos seres que habitam o solo.

Dizemos que "o solo é vivo" porque nele existem muitos seres vivos. Para você ter ideia, em apenas 1 grama de solo estima-se que haja cerca de 100 milhões de **bactérias**!

As minhocas e outros pequenos seres que vivem no solo são importantes para os vegetais. Eles se alimentam dos restos de plantas e animais mortos e participam da formação do **húmus**, que deixa o solo mais fértil. Além disso, ao cavar túneis no solo, a minhoca facilita a entrada de ar nele.

> **Bactéria:** seres vivos tão pequenos, que são vistos somente com o uso de microscópio.
> **Húmus:** mistura de restos de seres vivos, solo e fezes de minhoca.

 Pense e converse

Você sabia que, quando chove, as minhocas vêm até a superfície do solo?
- Como você explica esse comportamento desses animais?

Comente suas ideias com os colegas e o professor.

36

Componentes do solo

O solo é uma mistura de materiais **inorgânicos** e **orgânicos**.

Os materiais inorgânicos são pequenos pedaços de **rocha** na forma de grãos. A areia e a argila estão entre os principais grãos encontrados no solo. Eles têm tamanhos diferentes – os maiores são de areia, e os menores são de argila.

Amostra de argila.

Amostra de areia.

O material orgânico é aquele originado de seres vivos, como fezes, restos de animais mortos e partes de vegetais.

Entre esses componentes existem espaços, os **poros**, que são ocupados por **ar** e **água**.

1. Qual é a importância desse ar para uma formiga?

_____

_____

2. Qual é a importância dessa água para uma árvore?

_____

_____

- Retorne à página 36. Na sua resposta, você considerou que a água da chuva ocuparia todo o espaço entre os grãos do solo e que a minhoca ficaria sem ar para respirar?

37

Também quero fazer

Observação do solo

Que componentes formam o solo? Todo solo é igual? Anote suas ideias.

Material:

- 1 par de luvas;
- 2 porções de solo;
- 1 lupa;
- 2 folhas de papel branco;
- 1 pá pequena;
- 2 sacos plásticos.

Modo de fazer

1. Coloque as luvas e, com a pá, colete duas amostras de solo de locais diferentes.

2. Espalhe as porções de terra nas folhas e observe-as atentamente a olho nu e, depois, com a lupa.

3. Compare essas amostras e desenhe o que viu.

Amostra 1	Amostra 2

4. Preencha as fichas a seguir.

Local de coleta **1**:	Data:
Cor:	Tamanho dos grãos:
Tem cheiro? ☐ Sim. ☐ Não.	
Essa amostra de solo é: ☐ seca. ☐ úmida.	
Há restos de organismos, como asas de insetos e folhas? ☐ Sim. ☐ Não.	

Local de coleta **2**:	Data:
Cor:	Tamanho dos grãos:
Tem cheiro? ☐ Sim. ☐ Não.	
Essa amostra de solo é: ☐ seca. ☐ úmida.	
Há restos de organismos, como asas de insetos e folhas? ☐ Sim. ☐ Não.	

Conclusão

1. De acordo com suas observações, as amostras de solo eram iguais? Suas ideias se confirmaram? Explique sua resposta.

_____

_____

Tipos de solo

O professor do 3º ano propôs um desafio aos alunos: ele montou dois filtros, cada um com um tipo de solo: o solo **A** e o solo **B**. Depois, ao mesmo tempo, dois alunos derramaram a mesma quantidade de água nos dois funis.

Os alunos da turma perceberam que a água passou bem mais rapidamente pelo solo **A** que pelo solo **B**.

Eles notaram que a água ficou empoçada no solo **B** ainda por um tempo e, ao atravessar os grãos, ficou gotejando.

O professor explicou que o solo **A** era mais **permeável** do que o solo **B**, já que deixou a água passar através dos grãos com mais facilidade.

Ele também disse aos alunos que o solo **B** era capaz de **reter** mais água por mais tempo do que o solo **A**.

Para completar a atividade, ele trouxe uma porção de cada solo e pediu aos alunos que observassem as características dessas amostras usando uma lupa. Os alunos perceberam que o solo **A** tinha grãos mais grossos e havia espaços maiores entre eles. Já o solo **B** tinha grãos bem pequenos e que ficavam muito juntos.

1. Por que a água escorreu com mais rapidez no solo **A**?

2. Por que o solo **B** reteve água por mais tempo que o solo **A**?

Permeabilidade do solo

Os solos não são todos iguais, cada um tem características próprias de composição, cheiro e cor. Os tipos de grãos e a quantidade de matéria orgânica presente nele são fatores que interferem em sua composição.

Dois tipos de solo bastante conhecidos são o argiloso e o arenoso. Observe as imagens.

As imagens não estão representadas na mesma proporção.

Estrada de terra. Alto Paraíso de Goiás, Goiás, 2016.

Estrada de terra. Londrina, Paraná, 2016.

Esses solos são diferentes em diversos aspectos.

O solo argiloso tem textura fina e é **pouco permeável** à água.

O solo arenoso apresenta grânulos grandes e é **muito permeável**. Por ser muito permeável, não retém a água, que se infiltra com facilidade.

1. Agora que você conhece as características do solo arenoso e do solo argiloso quanto à permeabilidade, retorne à página 40 e identifique o tipo de solo de cada uma das amostras:

   O solo **A** é _____.   O solo **B** é _____.

Em uma folha avulsa faça um desenho que represente a importância do solo na sua vida e escreva uma legenda para explicá-lo.

Importância do solo

- No desenho que você fez sobre a importância do solo, colocou sua moradia sobre ele?

Assim como muitos outros seres vivos, as pessoas também vivem sobre o solo.

O tipo de material usado pelas pessoas para fazer suas moradias e a forma como elas são construídas devem ser adequados às condições do ambiente.

Observe vários ambientes em que há casas construídas.

As imagens não estão representadas na mesma proporção.

Palafita no Rio Amazonas, próximo a Manaus, Amazonas, 2015.

Sobrados no centro histórico de Diamantina, Minas Gerais, 2016.

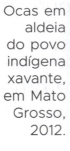

Ocas em aldeia do povo indígena xavante, em Mato Grosso, 2012.

Tendas do povo berbere, que vive no Deserto do Saara. Marrocos, 2013.

Casa de pau a pique ou taipa de mão, Maranhão, 2015.

Edifícios em Camboriú, Santa Catarina, 2016.

Você percebeu que, muitas vezes, o material usado para as construções é retirado do solo?

42

O cultivo do solo

Plantar é uma atividade muito importante. Afinal, a maior parte do alimento das pessoas é cultivada nele.

O ato de plantar para o próprio consumo não exige muito espaço. É possível fazer isso em diversos lugares. Veja abaixo.

Horta em varanda de apartamento.

Horta em pneu.

Os cuidados com o solo são tão importantes quanto a luz solar para o cultivo de plantas. Veja alguns desses cuidados.

O primeiro passo é chamado de **aração**. Nesse processo, a terra deve ser remexida para que o ar e a água penetrem com mais facilidade entre os grãos.

As imagens não estão representadas na mesma proporção.

Arado puxado por máquina.

Arado puxado por animal.

1. Que outro benefício para a plantação é possível conseguir com a aração da terra?

_____

_____

43

Depois de colocar as sementes no solo, não pode faltar água. Caso não chova o suficiente, é necessário fazer a **irrigação**. Nesse processo, geralmente a água é trazida por bombas até as áreas cultivadas.

As imagens não estão representadas na mesma proporção.

Irrigação do solo por gotejamento.

Há casos em que o solo não tem todos os nutrientes necessários para o desenvolvimento das plantas. Nesses casos é necessário fazer a **adubação**.

Existe o **adubo orgânico**, um tipo de adubo que pode ser feito com a mistura de **esterco**, partes de vegetais, restos de comida e serragem. Além de conter os nutrientes necessários às plantas, esse adubo ajuda o solo a **reter** mais água.

O adubo orgânico é produzido na composteira (foi feito um corte para mostrar o interior).

Esterco: fezes de animais.
Reter: conservar, manter.

Em grandes plantações são aplicados os **adubos sintéticos**, produzidos por indústrias. Além de ser caro, o uso excessivo desse tipo de adubo pode poluir o ambiente.

Você e... O CULTIVO DO SOLO

1. Se você fosse cultivar uma horta em casa, como faria:
   a) para arar a terra?
   b) para irrigar as plantas?
   c) para adubar o solo?

44

Outros usos do solo

1. A imagem ao lado mostra outra forma de uso do solo pelas pessoas. Escreva uma legenda para descrevê-la.

_____

_____

Como você viu, os materiais usados pelas pessoas para construção de moradias são extraídos do solo. Observe o que pode ser feito com as rochas extraídas do solo.

Salão revestido com granito.

As imagens não estão representadas na mesma proporção.

O granito, por exemplo, é uma rocha resistente e relativamente impermeável, por isso é muito utilizado no revestimento de pisos e na fabricação de pias e escadas.

Veja os trabalhos feitos com as rochas basalto e arenito:

Calçada de Copacabana revestida com basalto. Rio de Janeiro, Rio de Janeiro, 2017.

Revestimento de muro feito de arenito.

45

Atitudes que prejudicam o solo

Veja o quadro a seguir sobre atitudes que prejudicam o solo.

O que se faz?	Para quê?	Quais são as consequências?
Queimada. / Corte de árvores.	Para desmatar	As imagens não estão representadas na mesma proporção. - Exposição do solo ao vento e às chuvas, possiblitando que as partículas que o formam sejam arrastadas. - Morte e migração dos animais da mata que foi queimada.
Construções.	Para construir moradias, ruas, avenidas	- Impermeabilização do solo, que pode levar à ocorrência de enchentes, com graves prejuízos às pessoas.
Lixão.	Para descartar os resíduos	- Contaminação do solo e dos reservatórios de água, caso não recebam tratamento adequado.
Uso de pesticidas.	Para matar as pragas que atacam as plantações	- Poluição do solo e da água. - Contaminação de plantas e animais, além das pessoas que os consomem.

Atividades

1. Imagine que você fez bilhetes com o intuito de se lembrar de cada etapa do preparo da terra para plantar feijão. Mas veio um vento e misturou tudo! Tenha paciência e coloque as etapas em ordem numerando os quadrinhos.

2. Ligue as imagens a seguir às legendas que descrevem o que elas representam.

As imagens não estão representadas na mesma proporção.

A prática de queimadas deixa o solo empobrecido.

O solo pode ser contaminado se for usado como lixão.

A impermeabilização pode agravar enchentes.

47

3. Escreva as letras somente nas alternativas que completam de forma correta cada uma das frases.

    a) O solo arenoso   **b)** O solo argiloso

☐ tem textura fina e é bastante permeável à água.

☐ tem textura grossa e é pouco permeável à água.

☐ tem textura fina e é pouco permeável à água.

☐ tem textura grossa e é bastante permeável à água.

4. Marque **V** para verdadeiro e **F** para falso. Depois reescreva as falsas para que fiquem corretas.

☐ O solo contém apenas materiais orgânicos.

_____

☐ Os materiais orgânicos do solo são pequenos pedaços de rocha.

_____

☐ Os materiais inorgânicos do solo são originados de seres vivos.

_____

☐ Entre os grãos do solo não há espaços.

_____

☐ Muitos materiais extraídos do solo são utilizados na construção de moradias.

_____

O que estudamos

- Muitos seres vivem enterrados no solo e na superfície dele.
- O solo é uma mistura formada por materiais inorgânicos e materiais orgânicos; entre esses componentes existem poros, ocupados por ar e água.
- Entre as características do solo, podemos destacar: cor, cheiro, textura, tamanho dos grãos, permeabilidade e capacidade de retenção de água.
- Os solos permeáveis retêm menos água, como é o caso do solo arenoso; já os solos menos permeáveis, como o argiloso, retêm mais água.
- As pessoas vivem sobre o solo, onde geralmente constroem suas moradias.
- Do solo as pessoas extraem materiais e nele criam animais e cultivam a maior parte dos alimentos. Para realizar o plantio, são necessários alguns procedimentos: aração, irrigação e adubação.
- O desmatamento, a impermeabilização do solo, as queimadas e o descarte inadequado de resíduos podem prejudicar o solo.

Paisagem rural de solo pronto para o plantio.

Retomada

1. Leia o poema e faça o que se pede.

O cântico da terra

[...]
Eu sou a fonte original de toda vida.
Sou o chão que se prende à tua casa.
Sou a telha da coberta de teu lar.
A mina constante de teu poço.
Sou a espiga generosa de teu gado
e certeza tranquila ao teu esforço.
[...]
A ti, ó lavrador, tudo quanto é meu.
Teu arado, tua foice, teu machado.
O berço pequenino de teu filho.
O algodão de tua veste
e o pão de tua casa.
[...]

CORALINA, Cora. *Poemas dos becos de Goiás e estórias mais.* São Paulo: Global, 2001.

a) Escolha dois versos do poema e indique qual é a importância do solo mencionada em cada um deles.

_____
_____
_____

b) Em sua opinião, qual desses versos está mais diretamente relacionado a você? Explique sua resposta aos colegas e ao professor.

2. As imagens a seguir mostram dois terrenos.

- Em qual deles o solo está mais protegido? Justifique.

_____

_____

3. Leia a tirinha a seguir. Depois responda às questões.

a) O uso de agrotóxicos na agricultura pode:

☐ poluir o solo e a água.

☐ fazer as plantas crescerem muito e, assim, deixar o solo pobre em nutrientes.

b) De acordo com a imagem, os agrotóxicos que ficam nos vegetais podem fazer mal a quem? Justifique.

_____

_____

51

📖 Para ler

A terra, de Israel Felzenszwalb e David Palatnik. Rio de Janeiro: Vieira & Lent, 2012. (Coleção Meio Ambiente).
Por meio desse livro, você terá mais informação a respeito da terra, por exemplo, os tipos de solo que existem, como se formaram e os cuidados que precisamos ter para preservá-lo.

Chega de degradação do solo!, de Rosa M. Curto e Josep Palau. Jandira (SP): Ciranda Cultural, 2013.
De maneira divertida, esse livro trata da importância do solo e mostra os cuidados para que esse recurso natural dure mais.

👆 Para acessar

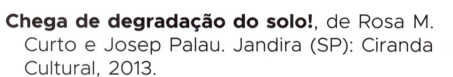

Aprenda mais sobre solos: Vídeo sobre a preservação do solo que pode ser encontrado no *site* da Embrapa. Acesse o *link* e, no espaço reservado à pesquisa,
procure o título "Aprenda mais sobre solos". Disponível em: <www.embrapa.br/videos>. Acesso em: 16 nov. 2017.

📍 Para visitar

Museu de Ciências da Terra Alexis Dorofeef. Campus da Universidade Federal de Viçosa, Minas Gerais.
Ligado ao Departamento de Solos da Universidade Federal de Viçosa (UFV), Minas Gerais, esse museu dedica-se principalmente ao estudo dos solos, das rochas e dos minerais. Para obter mais informações, acesse: <www.mctad.ufv.br>.

UNIDADE 4
O ar no planeta Terra

1. Observe atentamente as duas figuras a seguir. Encontre as seis situações diferentes entre elas e circule-as.

53

O ar atmosférico

No domingo de manhã, Ana foi ao parque com o pai.

O parque era um local aberto e seguro para empinar pipa, pois não havia postes, fios ou outros elementos da rede elétrica por perto. Ela estava empolgada com o passeio, já que empinaria pipa pela primeira vez.

Atenta às dicas dadas pelo pai, Ana procurou fazer tudo certo para colocar a pipa no alto.

Depois de tentar algumas vezes, Ana chegou perto do pai e disse:

— Pai, estou cansada. Por que precisamos correr tanto para a pipa subir?

Pense e converse

- Se você fosse o pai de Ana, o que responderia para ela?

Comente suas ideias com os colegas e o professor.

A resposta à pergunta do **Pense e converse** é fácil, certo? Para colocar a pipa no alto, é necessário o **vento**. Se no parque estivesse ventando, certamente Ana não precisaria correr tanto.

- Na resposta que daria a Ana, você indicou a importância do ar e do vento para que a pipa subisse?

Observar as pipas no alto é uma experiência bem interessante. Como o ar, que é invisível, levanta as pipas no céu e as sustenta no alto?

Você já parou para considerar outras situações em que se percebe que o ar existe?

1. Observe as fotografias a seguir. Faça um X nas situações em que notamos com mais facilidade a existência do ar.

As imagens não estão representadas na mesma proporção.

Composição do ar

A camada de ar que envolve o planeta Terra é uma mistura de vários **gases** e pequenas **partículas** (poeira).

Esse ar é fundamental para os seres vivos. O **gás oxigênio**, por exemplo, é usado na respiração. Já o **gás carbônico**, que compõe a fração "outros gases", é usado pelas plantas para produzir o próprio alimento.

Composição do ar que envolve a Terra

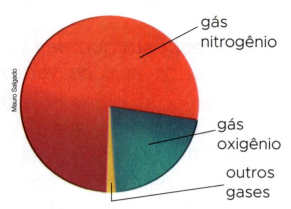

Fonte: <https://nssdc.gsfc.nasa.gov/planetary/factsheet/earthfact.html>. Acesso em: 18 out. 2017.

Entre os outros gases também está o **vapor de água**. Esse gás é agua no estado gasoso e invisível. A quantidade de vapor de água presente no ar é chamada **umidade relativa do ar**.

Você sabia que a umidade do ar está relacionada à saúde?

A importância da umidade do ar

Em algumas regiões do país, o inverno coincide com o período mais seco do ano. A baixa umidade aumenta a incidência de doenças respiratórias, como rinite alérgica e asma, além de problemas na pele, nos olhos e sangramento nasal. As doenças respiratórias são as mais preocupantes [...]. [...]

A Organização Mundial de Saúde (OMS) considera como situação de alerta quando a umidade relativa do ar cai para menos de 30%. Por isso, deve-se evitar atividades físicas externas no período de maior exposição ao sol. [...]

Disponível em: <www.brasil.gov.br/saude/2015/07/periodo-com-baixa-umidade-do-ar-requer-cuidados-especiais>. Acesso em: 13 mar. 2017.

Cata-vento

O que acontece com o ar quando ele é aquecido? Anote suas ideias.

_____

Material:

- vareta;
- percevejo;
- cola líquida;
- tesoura sem ponta;
- uma vela;
- palitos de fósforo.

Modo de fazer

	1 Recorte o encarte da página 143 conforme indicado.		**2** Cole as pontas no centro, de acordo com a figura ao lado.
	3 O professor fixará o cata-vento no palito aplicando um percevejo no centro.		**4** O professor posicionará o cata-vento um pouco acima da vela acesa.

Ilustrações: Mauro Salgado

Conclusão

1. Suas ideias se confirmaram? Explique.

_____

_____

O ar em movimento

O vento nada mais é que o ar em movimento em relação à superfície da Terra. Para que esse movimento ocorra, o Sol é fundamental, porque o ar se move ao ser aquecido.

Os esquemas a seguir retratam o que pode ocorrer com o ar em um dia de Sol forte.

Considere um ambiente como o representado nas figuras, formado por uma área construída e asfaltada e outra parte bastante arborizada. Sobre elas há duas massas de ar (blocos azuis) com a mesma temperatura, ocupando espaços de tamanho semelhante.

As cores e as proporções entre as estruturas representadas não são as reais.

Durante o dia, o Sol aquece a superfície terrestre e modifica a temperatura das massas de ar. Nas áreas onde há construções e asfalto, o ar se aquece mais rapidamente. Essa massa de ar se expande, aumentando de tamanho. Já a massa de ar sobre a área arborizada demora mais para se aquecer.

58

No decorrer do dia, a massa de ar quente (bloco vermelho) sobe e avança sobre a parte superior da área mais fria, ao lado. Esse ar mais quente, que avançou para o lado mais frio começa a esfriar, já que agora está mais distante do asfalto.

As cores e as proporções entre as estruturas representadas não são as reais.

Já a massa de ar mais frio avança e ocupa a parte próxima da área asfaltada. A proximidade do asfalto aquece essa massa de ar, que se expande, reiniciando o ciclo. É esse movimento das massas de ar que dá origem ao vento.

1. Releia a resposta que você deu à questão da página 57.

- Depois de ter estudado a formação do vento, como você explica o fato de o cata-vento movimentar-se ao ser colocado sobre o calor da chama da vela?

Atividades

1. Hoje, a aula de Luísa na escola foi sobre o ar. Ela chegou em casa bastante animada e contou tudo o que aprendeu da importância do ar.

   • Agora é sua vez! Sublinhe apenas as situações que **dependem** do ar para acontecer.

   a) Movimentar as velas do barco.
   b) Empurrar o carrinho de brinquedo.
   c) Movimentar o cata-vento.
   d) Distribuir folhetos nas casas.
   e) Fazer um balão subir.

2. Observe as fotografias a seguir.

As imagens não estão representadas na mesma proporção.

a) O que as pessoas estão fazendo para preparar o balão para voar?

_____

b) Por que isso é necessário?

_____

O que estudamos

- O ar é invisível, mas é possível perceber que ele existe.
- A ar é uma mistura de vários gases e partículas de pó.
- O gás que existe na atmosfera em maior proporção é o gás nitrogênio.
- O gás oxigênio é fundamental para os seres vivos.
- O vento é o ar em movimento.
- O calor do Sol é fundamental para que se formem os ventos.
- O ar aquecido sobe e o ar frio permanece próximo à superfície terrestre.

A movimentação do trigo ao vento é uma das formas de notarmos que o ar existe.

Retomada

1. Relacione corretamente.

   a) Gás presente no ar em maior quantidade.

   b) Componente fundamental para a ocorrência do vento.

   ☐ Sol

   ☐ gás nitrogênio

2. Preencha os diagramas com as palavras que faltam nas frases:

   a) O Sol aquece as massas de ar fazendo com que o ar quente ☐☐☐☐.

   b) O ☐☐☐☐☐☐ é o ar em movimento.

3. Complete o gráfico a seguir, que representa a proporção dos gases que compõem o ar atmosférico.

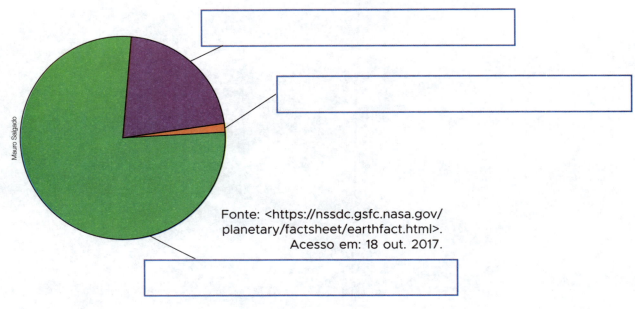

Fonte: <https://nssdc.gsfc.nasa.gov/planetary/factsheet/earthfact.html>. Acesso em: 18 out. 2017.

4. Leia cada frase e escreva **V** se for verdadeira e **F** se for falsa.

☐ O vento é importante para os animais porque mantém os rios em movimento.

☐ Alguns tipos de vento podem causar muita destruição por onde passam.

☐ O ar aquecido faz o balão de ar subir.

5. Assinale as alternativas corretas em relação à formação do vento.

☐ O vento é sempre igual.

☐ O vento é ar em movimento.

☐ A formação do vento depende do Sol.

6. Encontre no diagrama cinco palavras relacionadas ao estudo do ar.

N	S	A	U	F	N	V	E	Y	E	R	V	N	Y	A	Y
Y	O	O	U	W	N	X	M	K	V	O	E	L	N	V	Z
M	L	R	M	E	I	F	N	V	L	Z	N	G	I	E	V
O	X	I	G	Ê	N	I	O	I	O	H	A	A	C	N	Y
I	N	I	T	R	O	G	Ê	N	I	O	B	S	T	T	A
X	Q	F	U	E	D	Q	O	G	X	L	Y	E	S	O	N
R	S	M	A	H	U	U	Y	X	M	U	I	S	I	I	T

63

Construir um mundo melhor

Terra: água, solo, ar e vida!

Depois de estudar a água, o solo e o ar, você deve ter percebido a inter-relação desses componentes e a importância deles para a manutenção da vida no planeta. Mas será que a população em geral está consciente disso? E mais, será que as atitudes das pessoas mostram que elas querem preservar esses recursos?

Para esta atividade, a turma será organizada em grupos de quatro alunos. Cada aluno do grupo deve entrevistar cinco pessoas com mais de 15 anos e, com os dados obtidos, será possível verificar como está a percepção dos entrevistados em relação aos cuidados com a natureza.

Como fazer

Etapa 1

Inicialmente, vocês devem conhecer a imagem que será apresentada a cada pessoa entrevistada:

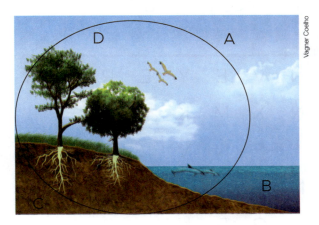

As cores e as proporções entre os tamanhos dos seres vivos representados não são as reais.

O item **A** representa a **atmosfera**; o item **B**, a **água**; o item **C**, o **solo**; e o item **D**, os **seres vivos**. Essas informações são para você, não as forneça ao entrevistado.

Etapa 2

Cada um de vocês deve reproduzir cinco fichas como a que segue.

Ficha nº _____ Entrevistado: _____ Idade: _____

1. Diga o que as letras representam.

A: _____

B: _____

C: _____

D: _____

2. Que letra representa você? _____

3. Você depende do que está representado pelas outras três letras?

( ) Sim. ( ) Não.

• Se sim, por quê?

_____

4. No dia a dia você faz algo para preservar esses itens? O quê?

_____

Etapa 3

Com o auxílio do professor, organizem os dados que vocês obtiveram com as 20 entrevistas feitas por seu grupo.

Apresentando o que foi feito

No dia marcado pelo professor, os grupos devem expor para a turma os dados coletados. No final, vocês debaterão as respostas para chegar a uma conclusão sobre o nível de conhecimento das pessoas a respeito da importância da água, do ar e do solo para a manutenção da vida no planeta.

Periscópio

📖 Para ler

Carolina e o vento, de Samuel Murgel Branco. São Paulo: Editora Moderna, 2002.
O livro mostra, de maneira bem interessante, como se formam os ventos, destacando sua importância tanto para a natureza quanto para os seres humanos.

Uma ideia solta no ar, de Pedro Bandeira. São Paulo: Moderna, 2009.
Pipas! O que seria apenas uma brincadeira vira uma leitura gostosa, com belas ilustrações e com ideias que levam à reflexão.

Julião, tico e o balão, de Ana Paula de Abreu. Rio de Janeiro: Viajante do Tempo, 2014.
O sonho de Julião era conhecer o mundo. E viajou tão longe que nem podemos imaginar! Leia e descubra.

▶ Para assistir

UP – Altas aventuras, direção de Pete Docter, 2008.
Carl, um vendedor de balões aposentado, está prestes a perder sua casa. Mas ele tem uma ideia brilhante: amarra milhares de balões nela, fazendo com que levante voo... Quando a casa já estava bem alto no céu, Carl ouve uma batida na porta. Assim, começa a aventura.

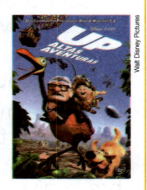

Som

1. Leia o poema de cordel.

O Telefone sem fio

Pra funcionar direito
Numa roda de pessoas
Quanto mais gente é perfeito
Pra ficar bem engraçado
Começa assim desse jeito:
Um, secretamente inventa
Uma frase ou uma história
Conta no ouvido do próximo
Que guarda em sua memória
Passando ao que está do lado
Nessa mesma trajetória
Chega à última pessoa
Que revela o que ouviu
O resultado engraçado
É desastroso, já viu!
Fica muito diferente
Da história que partiu

Marcos de Mello

Abdias Campos. *Cordel infantil: brincadeiras populares*. 3. ed. Recife: [s.n.], 2012.

- Agora, junte-se aos colegas e brinquem de telefone sem fio! Como será que a mensagem vai chegar ao último participante?

Raio: relâmpago e trovão

No período da tarde, após terminarem a tarefa de casa, Murilo e Gabi costumam assistir a documentários na TV. O de hoje falava sobre os raios, descargas elétricas que ocorrem na atmosfera.

*Dados obtidos em: <www.brasil.gov.br/meio-ambiente/2016/10/brasil-e-lider-mundial-na-incidencia-de-raios-por-ano>. Acesso em: 23 maio 2017.

Gabi, assustada com a quantidade de raios que ocorrem no Brasil, disse para o irmão que achava a luz no céu bonita, mas tinha muito medo do barulho.

Murilo contou a ela que a luz no céu se chama **relâmpago** e que o barulho se chama **trovão**. Disse também que quando o ouvimos não há mais perigo, porque a descarga elétrica já ocorreu.

Pense e converse

- Se o relâmpago (parte luminosa) e o trovão (parte sonora) são consequências do raio, por que eles não ocorrem ao mesmo tempo?

Comente suas ideias com os colegas e o professor.

Os sons dos lugares

Você já foi a uma feira livre? É um local público, geralmente nas ruas, onde são vendidos vegetais frescos e outras mercadorias.

Ao visitar uma feira, ouvimos alguns sons característicos, como de carrinhos sendo levados, pessoas falando e mercadorias sendo embaladas.

As cores e as proporções entre os tamanhos dos seres vivos representados não são as reais.

Cada ambiente tem sons que lhes são próprios. Além dos sons das feiras livres, há os que ouvimos nas residências, nos parques, no intervalo das aulas na escola e muitos outros.

1. Que sons você costuma ouvir no lugar onde mora?

_____

_____

2. Que objetos, pessoas ou animais produzem esses sons?

_____

69

3. Pense nos sons que você escreveu no item 1 e preencha o quadro abaixo.

Sons agradáveis	Sons desagradáveis

Você e... OS SONS

1. Você consegue estudar escutando música? Ou é o tipo de pessoa que precisa de silêncio para se concentrar?

_____
_____

2. E na classe, você costuma fazer barulho? Ou se sente incomodado quando a turma está agitada?

_____
_____

3. Converse com os colegas e o professor sobre como andam os ruídos da turma durante a aula e, juntos, façam uma lista de combinados, de modo que ninguém se sinta incomodado com o excesso de barulho.

Também quero fazer

Um telefone de copos

Como deve estar o fio de um telefone de copos para ele funcionar melhor? Anote suas ideias.

Material:
- 10 metros de barbante;
- prego;
- 2 clipes;
- 2 copos plásticos rígidos.

Modo de fazer

1. Peça a um adulto que fure com o prego o centro do fundo dos dois copos plásticos, que é por onde deve passar o barbante.
2. Para fixar o barbante, amarre um clipe em cada ponta.
3. Depois tentem conversar através deles. Quem fala põe o copo na boca, quem escuta põe o copo na orelha.
4. Experimentem fazer a comunicação de duas formas: com o barbante frouxo e com ele esticado.

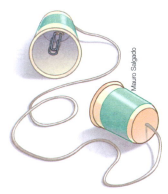

Telefone de copos.

Conclusão

1. O telefone funcionou melhor com o fio frouxo ou com o fio esticado? Suas ideias se confirmaram? Explique suas respostas.

Também quero fazer

Vibrações provocadas pelo som

É possível "enxergar" o som? Anote suas ideias.

_____

Material:
- 1 lata grande e redonda;
- elástico forte;
- colher de pau;
- 1 colher de chá de açúcar.
- fôrma de metal;
- 50 cm de plástico filme.

Modo de fazer

1. Cubra a lata com o plástico e prenda-o na borda da lata com o elástico.
2. Esparrame uma pitada de açúcar sobre o plástico.
3. Posicione a fôrma perto do "tambor" e, com a colher de pau, bata nela.

Conclusão

1. Ao bater com a colher de pau na fôrma, o que aconteceu com o açúcar que estava sobre o plástico?

_____

_____

2. Suas ideias iniciais se confirmaram? Explique.

_____

_____

O som é transmitido por ondas

Na atividade **Um telefone de copos**, para ir de um copo ao outro o som se **propagou** pelo barbante.

Propagar: movimentar-se através de um meio.

1. E nas conversas que acontecem no dia a dia, como o som se propaga? Converse com os colegas e o professor.

Crianças conversando em momento de lazer.

O som propaga-se na forma de **ondas sonoras**. Essas ondas são invisíveis e precisam de um meio para se propagar. No caso do telefone de copos, o meio foi o barbante; nas conversas entre as pessoas, as ondas sonoras se propagam pelo ar.

As imagens não estão representadas na mesma proporção.

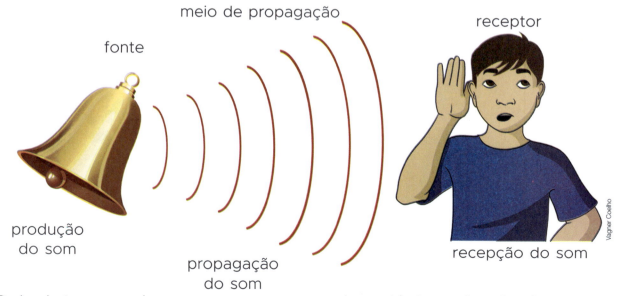

O sino bate e as ondas sonoras propagam-se pelo ar até chegar à orelha da pessoa. Essas ondas foram representadas para facilitar a compreensão de como ocorre a propagação do som no ar. Na realidade, o som é invisível.

73

2. Agora que você já sabe que o som se propaga por ondas, explique:

a) Por que os grãozinhos de açúcar pularam no plástico que encapava a lata na atividade da página 72?

_____
_____
_____
_____
_____

b) No experimento da página 72, perguntamos se era possível enxergar o som. Você enxergou as ondas sonoras? Explique sua resposta.

_____
_____

3. Faça um desenho para representar a transmissão das ondas sonoras emitidas pela colher batendo na lata até os grãozinhos de açúcar pulando no plástico.

Também quero fazer

Velocidade do som

A velocidade de propagação das ondas sonoras depende do meio? Anote suas ideias.

Material:
- lápis.

Modo de fazer

1. Sente-se na cadeira e encoste uma das orelhas na mesa. O colega baterá com o lápis na mesa (que deve estar vazia) algumas vezes, sem que você veja.

2. Desencoste a orelha da mesa e feche os olhos. O colega baterá de novo com o lápis na mesa.

Conclusão

- Conversem sobre o que notaram e comparem o som percebido quando propagado pelo material da carteira e pelo ar. Suas ideias se confirmaram?

Vá à página 68 e retome a explicação que deu para o fato de relâmpago e trovão não ocorrerem ao mesmo tempo.

Primeiro, vê-se o relâmpago e, depois, escuta-se o trovão, porque, apesar de ambos terem acontecido ao mesmo tempo, a luz se propaga com maior velocidade que o som.

Giramundo

Como surgiram os instrumentos musicais

É impossível datar ao certo quando e onde surgiram os primeiros instrumentos musicais, mas sabe-se que são muito antigos. O homem começou a construí-los para imitar os sons da natureza [...]. Mas, antes disso, já conseguia tirar som batendo as mãos e os pés.

Na Idade da Pedra Lascada (quando o homem produzia objetos com pedra e madeira), surgiram os primeiros chocalhos e apitos, feitos com materiais retirados da natureza. Ossos, por exemplo, serviam como flautas e apitos.

Flauta pré-histórica feita de osso, descoberta em caverna alemã.

Os tambores também são muito antigos. Eram produzidos com bambu e pele de animais há 10 mil anos e utilizados para comunicação a distância e em rituais religiosos. A partir daí, surgiram os instrumentos de cordas.

As imagens não estão representadas na mesma proporção.

[...]

Com o passar do tempo, foram criados instrumentos mais complicados de construir e tocar. No século 14, por exemplo, surgiu o cravo, considerado o avô do piano (esse apareceu cerca de 400 anos depois).

[...]

Cravo fabricado na França, em 1782, por Joseph Taskin.

Três famílias

[...] a maioria dos especialistas classifica os instrumentos em três grandes famílias: os de corda, sopro e percussão.

Violão, violino, contrabaixo, harpa e guitarra estão na categoria dos instrumentos de corda. [...] o som é produzido por meio de sua vibração. [...]

O som produzido pelos instrumentos de sopro é o resultado do ar que passa dentro do tubo. [...] Flauta, clarinete e saxofone são os mais conhecidos, mas há muitos outros.

Triângulo, pandeiro e agogô são alguns dos instrumentos de percussão. [...] Para emitir som, o pandeiro, por exemplo, precisa ser batido [...].

Nayara Fernandes. Como surgiram os instrumentos musicais. *Diário do Grande ABC: Diarinho*, abr. 2010. Disponível em: <www.dgabc.com.br/Noticia/101965/como-surgiram-os-instrumentos-musicais>. Acesso em: 22 maio 2017.

Exemplos de instrumentos de corda.

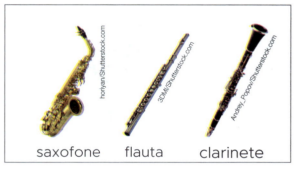
Exemplos de instrumentos de sopro.

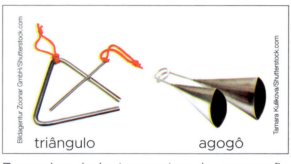
Exemplos de instrumentos de percussão.

As imagens não estão representadas na mesma proporção.

1. Você toca algum instrumento? Qual? Conte aos colegas como é esse instrumento e de que você mais gosta nele.

2. Se você não toca nenhum instrumento, gostaria de aprender a tocar algum? Qual deles? Por quê?

Órgãos da audição

As **orelhas** são órgãos do sentido da audição. Com elas é possível captar os sons do ambiente. O **pavilhão auricular** é uma parte da orelha. Ele é um órgão externo, e as demais partes ficam no interior da cabeça. Observe:

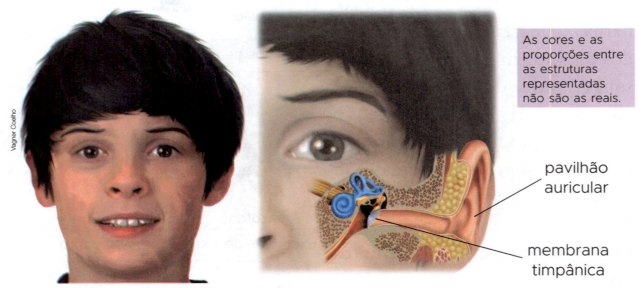

As cores e as proporções entre as estruturas representadas não são as reais.

Representação da orelha humana: a parte externa é o pavilhão auricular e há outras partes que ficam no interior da cabeça.

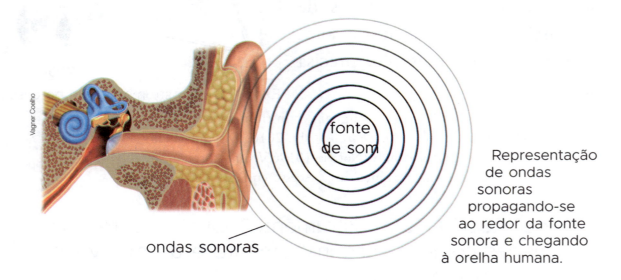

Representação de ondas sonoras propagando-se ao redor da fonte sonora e chegando à orelha humana.

Quando as ondas sonoras chegam à orelha, a membrana timpânica começa a vibrar e conduz a vibração para as demais partes da orelha; em seguida, essa informação é transmitida ao cérebro.

Atividades

1. Observe a imagem ao lado e explique por que os ouvintes conseguem escutar o som do violão.

_____

_____

_____

2. Você já assistiu a algum desenho animado de faroeste? Em muitos deles, geralmente os índios encostam a orelha no solo para tentar ouvir o barulho de cavalos ou de um trem se aproximando. Em sua opinião, isso é possível? Se sim, explique por quê.

_____

_____

_____

3. Por que não devemos cutucar a orelha com objetos?

_____

_____

_____

Saúde das orelhas

Para não ter problemas com as orelhas, é importante limpá-las apenas externamente, ou seja, não se deve introduzir nada no canal auditivo.

Outro cuidado é não ficar muito tempo com o fone de ouvido em volume muito alto. Assim como a distância é medida por uma unidade de medida, que é o metro, a intensidade do som tem uma unidade própria de medida: é o decibel (dB).

O quadro a seguir apresenta a intensidade de alguns ruídos.

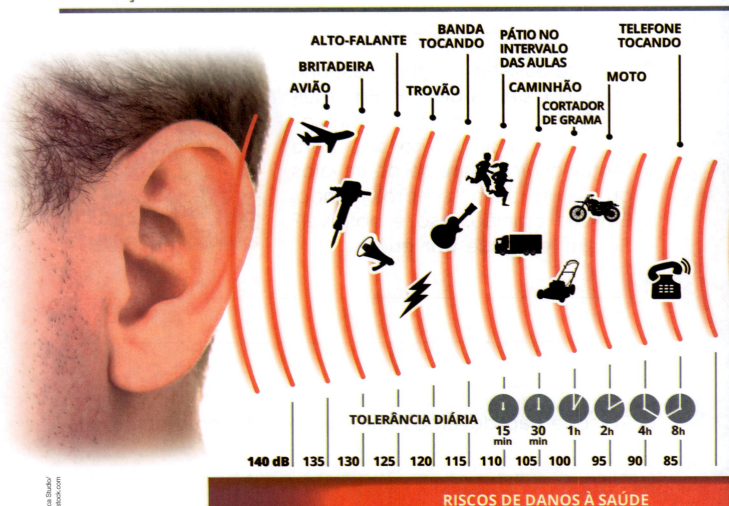

Fonte: Marco Antonio Ferraz Perez. Poluição sonora mata. *Ambiente Legal*. Disponível em: <www.ambientelegal.com.br/poluicao-sonora-mata-primeira-parte>. Acesso em: 19 out. 2017.

Poluição sonora

Se você estiver em um ambiente no qual algum som altere sua condição normal de audição, nesse ambiente há **poluição sonora**.

Imagine-se, por exemplo, em uma festa onde a música em volume alto faz as pessoas gritarem para conseguir conversar. Sem dúvida, nesse local há poluição sonora. Ela pode fazer mal à saúde e afetar a qualidade de vida das pessoas, além de prejudicar outros animais.

As imagens não estão representadas na mesma proporção.

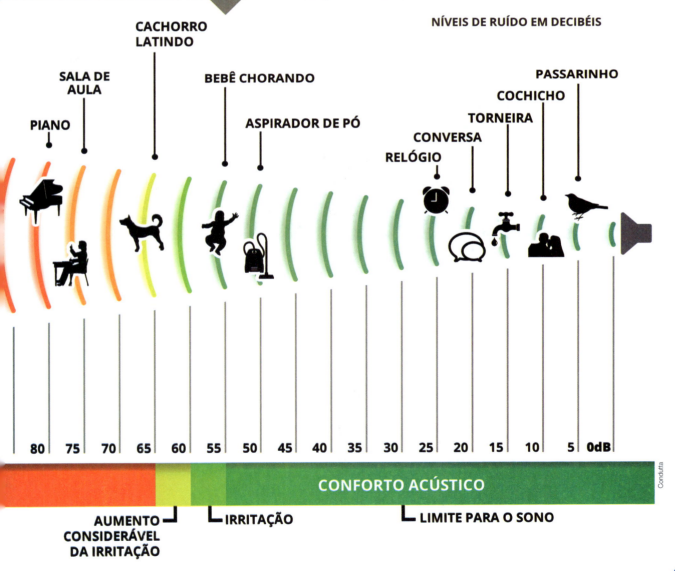

1. Observe a pintura e responda às questões.

Ana Maria Dias. *É só alegria*, 2014. Acrílico sobre tela, 50 cm × 60 cm.

a) Que tipo de som você escutaria se estivesse lá?

_____

_____

b) Sabendo que o som de uma torcida de futebol no estádio pode chegar a 115 dB, ele pode causar danos à saúde? Por quê?

_____

_____

O que estudamos

- Cada ambiente tem sons característicos.
- O som se propaga na forma de ondas sonoras.
- As ondas sonoras são invisíveis; elas precisam de um meio material para se propagar.
- No ar, a propagação do som é mais lenta que nos líquidos e nos sólidos.
- As orelhas são os órgãos do sentido da audição. Quando as ondas sonoras chegam às orelhas, as membranas timpânicas começam a vibrar e conduzem a vibração para as demais partes da orelha; em seguida, a informação é transmitida ao cérebro.
- A limpeza das orelhas deve ser apenas externa, ou seja, não se deve introduzir nada no canal auditivo. Também evite ficar muito tempo com o fone de ouvido em volume muito alto.
- Se você estiver em um ambiente no qual algum som alterar sua condição normal de audição, nesse ambiente há poluição sonora.

Instrumentos musicais, como a guitarra, emitem sons.

Retomada

1. A orelha é o órgão do sentido da audição, que possibilita ouvir e identificar os sons. No entanto, algumas pessoas nascem surdas, outras perdem a audição com o tempo ou em casos de acidente.

A Língua Brasileira de Sinais (Libras) é uma das formas utilizadas para a comunicação de pessoas surdas.

a) Utilize o alfabeto de sinais no diagrama a seguir e descubra como se soletram as palavras abaixo.

onda sonora   som   orelha

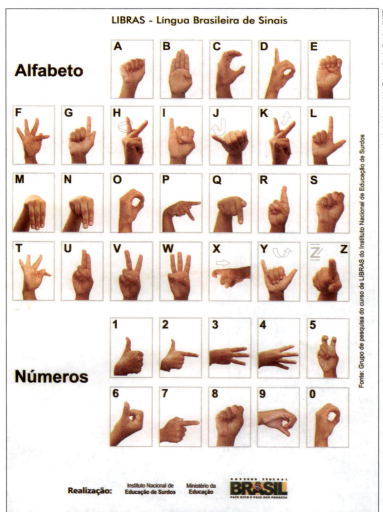

Alfabeto e números na Língua Brasileira de Sinais (Libras).

b) Escreva uma frase com essas palavras.

_____
_____

c) Utilize o alfabeto de sinais e comunique três palavras a um colega. Depois escreva aqui as palavras que ele comunicou a você.

_____
_____

2. Escreva **V** nas frases verdadeiras e **F** nas falsas. Reescreva as frases falsas de modo que fiquem corretas.

☐ A audição é o sentido que possibilita ouvirmos os sons captados pelas estruturas externas do nariz.

_____
_____

☐ Ouvir sons com altura elevada é ótimo para o desenvolvimento da audição.

_____
_____

☐ A velocidade de propagação do som é maior no chão do que no ar.

_____
_____

Periscópio

📖 Para ler

Alto, baixo, num sussurro, de Romana Romanyshyn e Andriy Lesiv. São Paulo: Editora do Brasil, 2017.
O mundo dos sons é o assunto principal desse livro absolutamente imperdível. Explicando conceitos relacionados às ondas sonoras e à audição, a obra, rica em informações, oferece uma leitura direta e altamente instrutiva sobre o tema.

Sentidos, de Jinny Johnson. Coleção Descubra a Ciência. Barueri: Ciranda Cultural, 2011.
O livro aborda os sentidos; explica por que sentimos as diferenças entre as coisas quentes e frias, mostra alguns animais que utilizam sons e ensina a fazer um modelo de tímpano.

Soltando o som, de Carolina Michelini e Michele Iacocca. São Paulo: Moderna, 2015.
Jana e Dudu estão brincando e começam a perceber quantos sons diferentes eles produzem. E quantos outros barulhos, ruídos, músicas os rodeiam!

▶ Para assistir

Aranhas guitarristas. Esse vídeo mostra como as aranhas usam vibrações para sentir a presença de predadores e parceiros.
Disponível em: <http://chc.org.br/aranhas-guitarristas>. Acesso em: 22 maio 2017.

UNIDADE 6

Luz

1. As imagens a seguir são ilusões de ótica. Elas podem ser percebidas de diversas maneiras, dependendo de como a informação reunida pelos seus olhos forem processadas. Quer experimentar? O que você vê?

a) Este homem está de perfil ou de frente?

b) O desenho está parado ou se movendo?

87

Transparência demais pode dar problema

Nícolas estava todo empolgado. Naquele fim de semana seria a festa de inauguração de uma loja de brinquedos na rua onde mora, e ele ficou sabendo que haveria uma surpresa para as crianças.

A meninada da rua não falava de outra coisa.

No dia marcado, Nícolas foi um dos primeiros a chegar com o tio Rodrigo.

Em pouco tempo, a frente da loja estava cheia! Todos esperavam o discurso do dono e a abertura das portas.

Nícolas estava impaciente porque não conseguia ver todos os brinquedos através da porta de vidro.

– Tio, aquela faixa está me atrapalhando, não consigo ver os brinquedos direito!

O tio Rodrigo respondeu que aquela faixa na porta de vidro era necessária e importante.

Pense e converse

- Por que o tio de Nícolas disse isso para ele? Comente suas ideias com os colegas e o professor.

88

A luz e os olhos

José Carlos acordou para ir ao banheiro à noite e preferiu não acender a luz e... olha o que aconteceu!

Bateu o dedinho no pé da cama! Ele não o enxergou porque não havia luz suficiente no quarto.

O **olho** é o órgão da visão, mas ele só consegue **captar** as imagens se elas estiverem recebendo alguma iluminação.

É por isso que à noite, ou quando um ambiente está escuro, a capacidade de enxergar diminui.

Nas situações de muita ou de pouca luz, os olhos tentam se ajustar para receber mais luminosidade ou menos luminosidade. Observe as imagens a seguir.

Captar: receber, recolher.

As imagens não estão representadas na mesma proporção.

Com bastante luminosidade — pupila

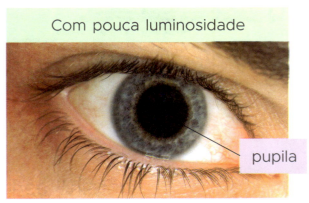

Com pouca luminosidade — pupila

Quando há mais luminosidade, a abertura da pupila do olho diminui (à esquerda). Quando há menos luminosidade, a abertura da pupila aumenta (à direita). As pálpebras também tendem a se fechar quando há excesso de luminosidade. É por meio desse mecanismo que o corpo ajusta a quantidade de luz que é captada.

A luz e os objetos

Além de iluminar os ambientes, a luz é capaz de atravessar alguns objetos.

1. Circule os objetos que podem ser atravessados pela luz.

As imagens não estão representadas na mesma proporção.

2. Agora desembaralhe as letras e complete as frases com as palavras formadas.

• Os objetos que você circulou são feitos de material

etasnrepatnr _____.

• Os que não foram circulados são feitos de material

caopo _____.

Também quero fazer

A luz nos objetos

Será que há objetos que não são transparentes nem opacos? Anote suas ideias.

_____

Material:
- um lápis;
- uma lanterna.

Modo de fazer

O professor levará a turma para investigar objetos encontrados na escola.

1. Aponte a lanterna ligada para os objetos e escreva o nome dos objetos que a luz atravessou, mas não foi possível enxergar através deles com nitidez.

_____

Conclusão

Durante a investigação, você encontrou objetos que não eram transparentes nem opacos? Suas ideias se confirmaram? Explique.

_____

_____

Materiais transparentes, translúcidos e opacos

Volte à página 88 e retome a resposta de tio Rodrigo a Nícolas. Você considerou que as faixas colocadas em portas de vidro têm a função de avisar que há algo transparente, no caso, uma porta? Esse tipo de sinalização evita que pessoas sofram acidentes graves, que avancem pensando que não há nada à frente.

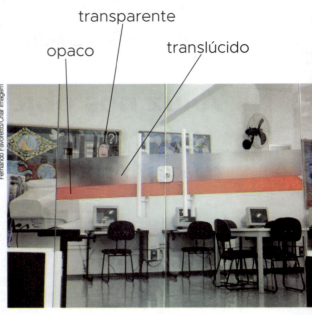

Porta com áreas transparentes, translúcidas e opacas.

Os raios luminosos atravessam os materiais transparentes. Assim, se olhar um objeto através de algo transparente, como o vidro, um observador enxerga perfeitamente a imagem dele.

Ao olhar o mesmo objeto através de um corpo translúcido, um observador não enxerga a imagem do objeto nitidamente, ela fica distorcida.

Os materiais opacos não são atravessados pelos raios de luz. Assim, um observador não pode ver através deles.

Corpo transparente.

Corpo translúcido.

Corpo opaco.

92

A formação da sombra

Para compreender como se formam as sombras, é preciso conhecer duas características da luz.

1. A luz propaga-se em linha reta e em todas as direções.

> As proporções entre as estruturas representadas não são as reais.

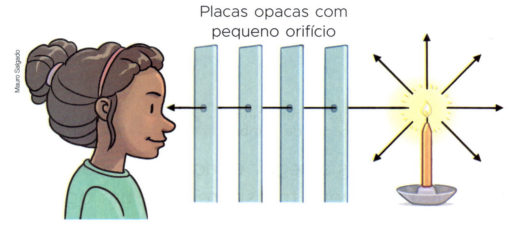

É possível enxergar a vela porque a luz emitida por ela se propagou em linha reta, atravessou os orifícios e atingiu os olhos da menina.

2. A luz pode ser refletida quando **incide** sobre um objeto ou uma superfície. Essa característica nos permite ver o que existe à nossa volta.

> **Incidir:** atingir, chegar.

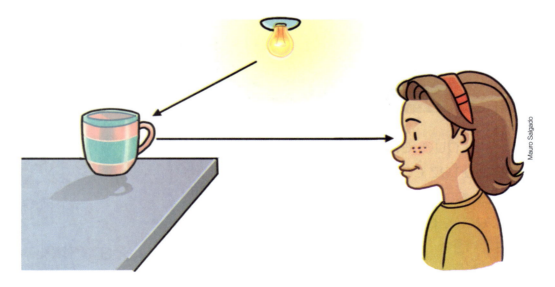

Quando os raios de luz incidem sobre um objeto, eles são refletidos por ele e atingem os olhos do observador, e por isso é possível enxergá-lo.

Observe a imagem a seguir.

Você já sabe que a luz se propaga em linha reta e que é refletida pelos objetos. Assim, nesse exemplo, parte da luz da lanterna não chega à parede porque atingiu a mão do menino e foi refletida por ela.

Na região da parede que não recebeu diretamente a luz da lanterna formou-se a **sombra** da mão.

Esquema representativo da formação de sombra.

3. Observe as imagens a seguir e faça as atividades.

   a) Assinale um objeto transparente e um opaco.

   b) A luz que entrava pela janela fez com que sombras se formassem na parede, porém uma delas não está correta. Identifique-a e assinale-a com **X**.

94

Também quero fazer

Fenômenos relacionados à luz

O que acontece com a imagem dos objetos ao serem observados através de um copo com água? Anote suas ideias.

___

Material:

- meia folha de papel sulfite;
- 1 copo de vidro;
- 1 caneta hidrográfica;
- 1 jarra com água.

Modo de fazer

1. Na folha desenhe uma carinha piscando um dos olhos.
2. Posicione o desenho atrás do copo.
3. Permaneça em frente ao copo e vá despejando a água da jarra no interior dele, até enchê-lo.
4. Desenhe o que você observou.

copo vazio	copo com água

Conclusão

- O que aconteceu com o desenho? Suas ideias se confirmaram? Explique suas respostas.

___

95

A refração da luz

Você já notou que os objetos ficam distorcidos quando você os vê através de um copo com água?

Esta colher, por exemplo, parece estar quebrada em duas partes.

Isso ocorre devido a um fenômeno chamado de **refração**. Ele acontece quando a luz passa de um meio para outro, neste caso, do ar para a água.

Foi por isso que a carinha "piscou" o outro olho depois que você colocou água no copo.

A refração faz com que vejamos a parte da colher que está dentro e a que está fora da água em posições diferentes.

Veja outros exemplos.

- Olhando para a esquerda ou para a direita?

A refração da luz faz com que pareça que a menina está olhando para a esquerda.

- De que lado está o dedão?

Fenômeno causado pela refração da luz.

96

Os espelhos

1. Converse com os colegas e o professor sobre as seguintes questões:

- Onde existem espelhos?
- Por que eles são colocados nesses lugares?
- Você sabia que é possível enxergar a própria imagem sem usar um espelho?

Você já deve ter notado que os espelhos são superfícies lisas e muito polidas, ou seja, não apresentam irregularidades e são brilhantes. Quando raios de luz atingem uma superfície como essa, eles são refletidos e, assim, é possível enxergar a imagem formada.

Os tons de cores utilizados na ilustração e as dimensões do ser vivo não são reais.

Esquema mostra o fenômeno da reflexão.

Também é possível constatar essa propriedade em superfícies que tenham as mesmas características (sejam lisas e polidas), como uma colher de metal e a superfície de um lago.

Objetos polidos, como a colher, refletem imagens.

A água também reflete imagens.

97

Investigando os espelhos

1. Os desenhos abaixo estão incompletos. Para descobrir como são as imagens inteiras, basta colocar um espelho pequeno em pé sobre a linha pontilhada.
Observe a fotografia ao lado.

- Agora complete os desenhos com o auxílio de um espelho.

Reflexão.

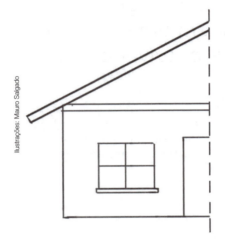

Quando uma imagem como essas é colocada em frente ao espelho plano, forma-se uma imagem **simétrica** ao desenho e do mesmo tamanho dele.

Alguns espelhos são usados como itens de segurança. Você já reparou em um espelho arredondado que fica na entrada de estacionamentos e na lateral de alguns ônibus? Ele amplia a área de observação possibilitando aos motoristas enxergar uma área maior.

Espelho arredondado em estacionamento.

98

Cuidados com a visão

O olho é um órgão bastante especial para as pessoas, e há muito para aprender a seu respeito.

- Os cílios protegem os olhos de poeira e microrganismos que existem no ambiente.

- As pálpebras são dobras que ajudam a espalhar a umidade das lágrimas na superfície externa do olho e se fecham quando algo se aproxima dele.

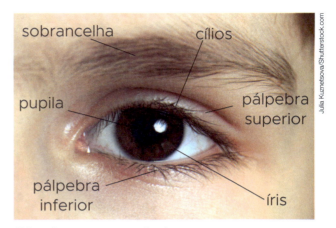

Olho humano e estruturas anexas que o protegem.

- A lágrima é um líquido transparente que tem a função de proteger o olho e manter úmida sua superfície externa.

Em razão de sua importância, o olho necessita de cuidados! Veja alguns a seguir.

As imagens não estão representadas na mesma proporção.

- Evite tocar os olhos, eles são sensíveis.

- Nunca olhe diretamente para o Sol, pois sua luz pode ferir o olho seriamente. Em dias de muita luminosidade é aconselhável usar óculos escuros.

Em certas profissões é necessário usar proteção para os olhos.

Algumas pessoas podem sentir dificuldade para enxergar porque têm problemas nas estruturas dos olhos. Em alguns casos é possível corrigir o problema usando um objeto com lentes: são os óculos!

99

Atividades

1. Encontre neste labirinto o único caminho que forma uma frase com sentido.

As	Os	raios	olhos	refração
imagem	pálpebras	e	os	enxergar
a	e	os	de	proteger
luz	cílios	servem	para	atingir

• Agora, escreva a frase que você encontrou.

_____

2. Observe esta imagem e assinale **V** para verdadeiro e **F** para falso.

☐ Quando a luz atinge uma superfície lisa como essa, ela é refletida e é possível enxergar a imagem formada.

☐ Esse fenômeno também pode acontecer quando a luz incide em objetos polidos, como uma colher de metal.

☐ A luz passou do ar para a água, mudou de direção e a imagem ficou translúcida.

☐ É possível enxergar a imagem formada porque os raios de luz atingem uma superfície opaca.

O que estudamos

- O olho é o órgão da visão, mas é preciso luz para que seja possível enxergar.
- Quando há muita luz, a pupila diminui. Quando há pouca luminosidade, a pupila aumenta. As pálpebras também tendem a se fechar quando há excesso de luz.
- Os raios luminosos atravessam os materiais transparentes. Ao atravessar os materiais translúcidos não é possível enxergar nitidamente. Os materiais opacos não são atravessados pelos raios de luz.
- A luz se propaga em linha reta e em todas as direções.
- A luz pode ser refletida quando incide sobre um objeto ou uma superfície.
- Os espelhos são superfícies lisas e muito polidas que refletem a luz.
- As pálpebras e os cílios servem para proteger os olhos e a lágrima mantém a umidade deles.
- Para cuidar dos olhos, deve-se evitar tocá-los e nunca olhar diretamente para o Sol.

A reflexão é um dos fenômenos da luz.

Retomada

1. Faça um **X** na resposta correta.

   a) Para enxergar é preciso:

   ☐ brilho.   ☐ calor.   ☐ luz.

   b) Os materiais transparentes:

   ☐ são atravessados por raios luminosos e não podemos ver com nitidez através deles.

   ☐ não são atravessados por raios luminosos.

   ☐ são atravessados por raios luminosos e podemos ver com nitidez através deles.

   c) Quando há muita luminosidade:

   ☐ as pupilas aumentam de tamanho.

   ☐ as pupilas diminuem de tamanho.

   ☐ o tamanho das pupilas não se altera.

   d) A luz não atravessa:

   ☐ os materiais translúcidos.

   ☐ os materiais opacos.

   ☐ os materiais transparentes.

   e) Como se chamam as superfícies lisas e polidas que refletem a luz?

   ☐ Óculos.   ☐ Espelhos.   ☐ Lentes.

2. Complete as frases:

a) A luz se propaga em linha ____________________.

b) A luz pode ser ______________________ quando incide sobre um objeto ou uma superfície.

c) A luz se ____________________ em todas as direções.

3. Observe a imagem ao lado.
Agora responda:

- A sombra vista no fundo do palco é da bailarina? Explique sua resposta.

____

____

____

____

____

bezikus/Shutterstock.com

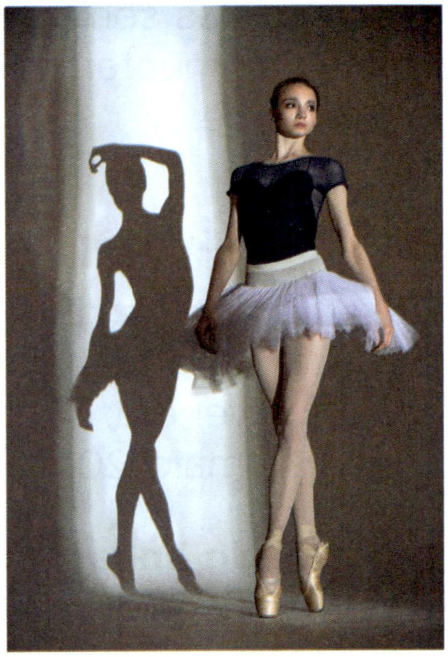

4. Que cuidados as pessoas devem ter com os olhos?

____

____

____

____

Periscópio

📖 Para ler

Cor & Luz, de David Evans e Claudette Willians. São Paulo: Ática, 1996.
Atividades que estimulam a investigação dos conceitos de luz e sombra, reflexão e cores.

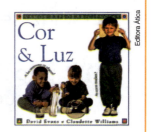

Brincadeira de sombra, de Ana Maria Machado. São Paulo: Global, 2001.
Luísa descobre, com a ajuda do avô, o prazer de brincar, de entrar no jogo da descoberta das luzes e das sombras, de aparecer e sumir, diminuir e aumentar, correr e parar, chegar perto e afastar-se.

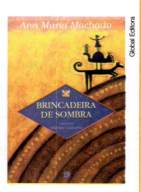

👆 Para acessar

Desenho de luz. Experimento para criar uma imagem luminosa utilizando o celular.
Disponível em: <http://chc.org.br/desenho-de-luz>. Acesso em: 24 maio 2017.

Entortando linhas. Experimento para entender como a ilusão de ótica pode enganá-lo pela sua própria visão.
Disponível em: <chc.org.br/entortando-linhas>. Acesso em: 24 maio 2017.

O raio que faz curvas. Experimento para ver a luz dobrar e entortar.
Disponível em: <http://chc.org.br/o-raio-que-faz-a-curva>. Acesso em: 24 maio 2017.

UNIDADE 7 — Os animais

1. Rafael aprendeu a editar imagens no computador. Veja os seres que ele criou! Siga o exemplo e invente um nome para cada um deles.

As imagens representadas não são reais. As dimensões dos animais usados na montagem não estão na mesma proporção.

girafante, elefanrafa, elegira...

É animal ou é planta?

Você já estudou que animais e plantas são seres vivos. Eles nascem, crescem, podem reproduzir-se e morrem, ou seja, passam pelo **ciclo da vida**.

Observe o ciclo de vida da tartaruga marinha. Você sabia que esses animais levam 25 anos para se tornar adultos?

Os tons de cores utilizados na ilustração e as dimensões do ser vivo não são reais.

Esquema simplificado de ciclo de vida da tartaruga.

Pense e converse

Ana e Sílvia, ao observar o pepino-do-mar se alimentando, iniciaram uma pequena discussão.

Ana dizia que o pepino-do-mar era um vegetal; já Sílvia dizia que era um animal.

Pepino-do-mar alimentando-se.

- Ajude as meninas. O que pode definir se o pepino-do-mar é uma planta ou um animal?

Comente suas ideias com os colegas e o professor.

Características dos animais

1. Converse com os colegas e o professor sobre as seguintes questões.

   - Que características os animais têm em comum?
   - Como podemos diferenciar um tipo de animal de outro?

2. Observe estas imagens de animais:

Capivara. Onça-pintada. Pavãozinho-do-pará.
Tartaruga-verde. Serpente. Aranha.
Araracanga. Tubarão. Caracol.
Ariranha. Gafanhoto. Anta.

- O que esses animais estão fazendo? Converse com os colegas e o professor.

107

3. Ainda sobre as imagens da atividade anterior, responda:

a) Quais desses animais se alimentam de plantas?

_____

b) Quais desses animais se alimentam de outros animais?

_____

c) Que animais você conhece que se alimentam tanto de plantas quanto de outros animais? Converse com os colegas e o professor.

Para se manter vivos, os animais precisam alimentar-se de outros seres vivos.

Há animais que comem outros animais ou parte do corpo deles. A onça, a baleia, a aranha e a joaninha são alguns exemplos. Já o gafanhoto, o cavalo e a vaca alimentam-se apenas de vegetais.

O porco, o jabuti, o ser humano e a galinha são exemplos de animais que se alimentam tanto de animais quanto de plantas.

A joaninha é um tipo de besouro.

Você se lembra do pepino-do-mar? Um dos alimentos desse animal são pedaços de alga misturados com areia. A sua resposta deu razão a Sílvia? Afinal, o pepino-do-mar estava se alimentando de outro ser vivo e, por isso, não poderia ser uma planta.

Além dos animais que conseguem alimento na própria natureza, onde vivem soltos, há outros que vivem próximos do ser humano e são alimentados por ele.

4. Escreva o nome de três animais que geralmente são cuidados pelas pessoas.

_____

Na Terra existem milhões de tipos de animais! Para serem mais bem estudados, eles foram agrupados de acordo com algumas características que têm em comum.

5. Junte-se a um colega, observem novamente os animais da página 107 e preencham as tabelas abaixo.

a)

Animais que têm pernas	Animais que não têm pernas
_____	_____
_____	_____
_____	_____

b)

Animais que têm pelos ou penas	Animais que não têm pelos nem penas
_____	_____
_____	_____
_____	_____

6. Agora é sua vez! Descubra outro jeito de organizar esses animais em dois grupos!

Animais que _____	Animais que _____
_____	_____
_____	_____
_____	_____

109

Coluna vertebral

1. No item **a** da atividade 5 da página anterior, você fez a classificação de alguns animais usando como critério a presença de pernas. Com base nele, você separou os animais em dois grupos: animais que têm pernas e animais que não têm pernas.

   • E qual foi o critério do item **b**?

   Outro critério usado para classificar os animais é a presença de **coluna vertebral**. Existem animais sem coluna vertebral e animais com coluna vertebral.

   A coluna vertebral é formada por estruturas chamadas **vértebras**. Os seres humanos e os cavalos têm coluna vertebral. Ela faz parte do **esqueleto**.

   > **Esqueleto:** conjunto de estruturas que sustentam o corpo.

2. Pinte a coluna vertebral nos esqueletos abaixo.

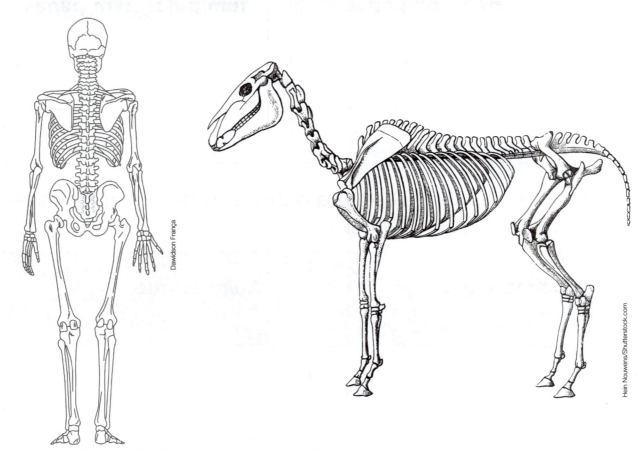

110

Com base na presença ou ausência da coluna vertebral, os animais foram divididos em dois grupos: animais **vertebrados** (com vértebras) e animais **invertebrados** (sem vértebras).

3. Qual destes animais é vertebrado? Qual deles é invertebrado? Como você descobriu? Conte aos colegas e ao professor.

Os tons de cores utilizados na ilustração e as dimensões do ser vivo não são reais.

Cobra-coral.

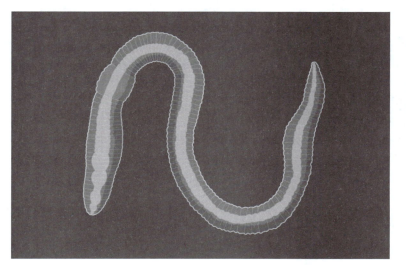

Minhoca.

Você e... OS ANIMAIS VERTEBRADOS

1. Que outros animais vertebrados você conhece? Escreva o nome de três deles.

Número de pernas

Você classificou os animais com base na presença e ausência de pernas. Como o número de pernas varia entre os diferentes animais, também é possível reagrupá-los com base na quantidade de pernas.

- Nenhuma perna:

Serpente (cascavel-de-quatro-ventas).

Arraia (arraia-pintada).

- Duas pernas:

Arara-canindé.

Pinguim-imperador.

112

- Quatro pernas:

Quati.

Elefante.

- Seis pernas:

Libélula.

Besouro.

- Oito pernas:

Carrapato.

Escorpião.

- Muitas pernas:

Piolho-de-cobra.

Lacraia.

Cobertura do corpo

O corpo dos animais pode ter diferentes tipos de cobertura. Esse pode ser outro critério usado para classificá-los.

1. Observe as imagens e leia as legendas.

Os mamíferos, como o lobo-guará, têm o corpo coberto de pelos.

O tucano e as demais aves têm o corpo coberto de penas.

O jabuti é um animal cujo corpo é protegido por placas duras.

A maioria dos peixes, como o dourado, tem o corpo coberto por escamas.

A cobra-cega e a perereca têm a pele nua, isto é, sem cobertura alguma.

- Agora complete o quadro.

Animal	Cobertura do corpo	Número de pernas
lobo-guará		
tucano		
jabuti		
dourado		
cobra-cega		
	sem cobertura	

Para saber mais

Há muitos animais desconhecidos!

Alguns cientistas estimam que existam perto de 7 milhões de tipos de animais no planeta Terra! Mas apenas cerca de 1 milhão são conhecidos e foram estudados.

O olinguito, um animal semelhante aos guaxinins e quatis, foi descoberto no ano de 2013.

Locomoção

Os animais locomovem-se de diferentes formas. Eles podem andar, saltar, voar, rastejar e nadar. Embora cada um deles se desloque principalmente de um só jeito, alguns se movem de várias maneiras. O ser humano, por exemplo, anda, mas também pode saltar, rastejar e nadar.

115

1. Observe as fotografias e, de acordo com o que você conhece sobre estes animais, assinale no quadro da página seguinte o modo pelo qual cada um deles pode se locomover. Pode haver mais de um modo de locomoção.

Pato. Canguru. Carcará.
Borboleta. Leão. Caracol.
Polvo. Tartaruga. Rã.
Tubarão. Jacaré. Hipopótamo.

116

- Agora pinte o quadrinho que representa o principal modo que cada animal usa para se locomover.

	Anda	Salta	Voa	Rasteja	Nada
Pato					
Canguru					
Leão					
Rã					
Borboleta					
Polvo					
Caracol					
Tartaruga					
Carcará					
Hipopótamo					
Jacaré					
Tubarão					

Para saber mais

Cada qual no seu local

Como todos os seres vivos, os animais também vivem em um local específico. Uns vivem na água, alguns sobre as árvores, outros sobre o solo ou enterrados nele... O que determina esse lugar são as condições que ele apresenta para a sobrevivência do animal: se tem o clima ao qual está adaptado, se encontrará alimento, abrigo e outros animais do mesmo grupo para se reproduzir. Esse conjunto de condições determina o **hábitat**.

117

Atividades

1. Observe a seguir as fotografias de seres vivos. Eles se parecem com plantas, não é mesmo? Só que são dois animais marinhos.

Anêmona.   Corais.

Marque a principal característica que diferencia os animais das plantas.

☐ Os animais têm boca, olhos e orelhas e se movimentam, mas as plantas não.

☐ Os animais alimentam-se de outros seres vivos, mas as plantas produzem o próprio alimento.

2. Uma forma de classificar os animais é dividindo-os em grupo dos vertebrados e dos invertebrados. Analise as imagens a seguir e escreva a que grupo pertence cada animal.

_____   _____

118

O que estudamos

- Para se manter vivos, os animais precisam conseguir alimento de alguma forma. Há animais que comem o corpo de outros animais ou partes dele; outros se alimentam de plantas; e existem os que comem animais e plantas.

- Na Terra existem cerca de 7 milhões de tipos de animais; nem todos são conhecidos. Para estudá-los, eles foram agrupados de acordo com características que têm em comum.

- Um critério usado para classificar os animais é a presença de coluna vertebral, que é formada por várias estruturas chamadas vértebras. Existem animais vertebrados (com vértebras) e animais invertebrados (sem vértebras).

- Outros critérios para classificar os animais são: presença e número de pernas; presença e tipo de cobertura do corpo; e forma de locomoção.

O cavalo é um animal herbívoro.

Retomada

1. Você aprendeu muitas informações sobre os animais e agora poderá montar uma ficha com os dados de seu animal preferido. Depois de completá-la, busque em jornais e revistas uma fotografia dele e cole-a no local indicado.

Fotografia do animal

Nome do animal	
Onde ele vive	
Cobertura do corpo	
Como se locomove	
Número de pernas	

O que ele come

Ele é um animal _____ (carnívoro, herbívoro ou onívoro).

Curiosidades

2. Observe as imagens a seguir. Elas mostram animais que acabaram de nascer.

Coelhos recém-nascidos (cerca de 5 cm de comprimento).

Ave recém-nascida (cerca de 4 cm de altura).

- Agora complete as frases.

    Quando eles se desenvolverem:

    o corpo do coelho ficará coberto por _____.

    o corpo da ave ficará coberto por _____.

3. Complete o esquema com as informações que faltam.

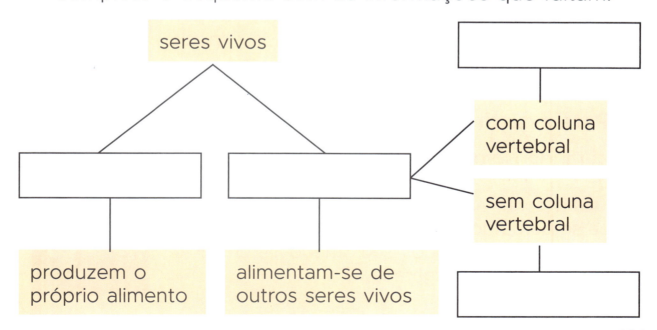

Periscópio

📖 Para ler

Quem pegou minhas pintas? de Telma Guimarães Castro Andrade. São Paulo: Editora do Brasil, 2007.
A autora descreve, com versos, a moradia de diversos animais. Uma onça acorda sem suas pintas e sai para procurá-las, desconfiada de que elas teriam sido roubadas por animais pintados da floresta, como a girafa e a hiena.

Cores da Amazônia – Frutas e bichos da floresta, de César Obeid e Guataçara Monteiro. São Paulo: Editora do Brasil, 2015.
Neste livro, o leitor descobrirá os sabores e as cores de algumas frutas e bichos da Amazônia, contados em poemas divertidos e imagens encantadoras, que trazem todo o colorido de nossa amada floresta.

Árvore da Vida: a inacreditável biodiversidade da vida na Terra, de Rochelle Strauss. São Paulo: Melhoramentos, 2011.
Apresenta a riqueza da biodiversidade do planeta e destaca a importância de cada espécie na manutenção do equilíbrio da natureza.

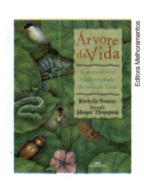

▶ Para assistir

Procurando Nemo, direção de Andrew Stanton, 2003.
O filme conta as aventuras de Nemo, um peixe que se perde do pai. Para encontrar Nemo, o pai precisa enfrentar todos seus medos e cruzar o oceano a fim de resgatá-lo.

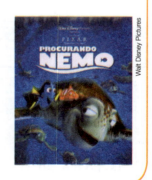

UNIDADE 8
Desenvolvimento dos animais

1. O porquinho e a ovelhinha estão sem par. Siga o passo a passo e desenhe um companheiro para esses animais.

123

Reprodução dos animais

Nas férias, quando ia passear no sítio dos avós, Júlia gostava de brincar com Biquinha, uma cadela branca com manchas marrons. Desta vez, além de Biquinha, havia outro cachorro, o Lobão, que também era branco, mas não tinha manchas.

No ano seguinte, Júlia teve outra surpresa: Biquinha teve quatro filhotinhos; um macho e três fêmeas, todos brancos, mas três tinham manchas como a mãe.

Na hora de voltar para casa, Júlia pediu ao avô um dos cachorrinhos. Ele disse que não seria possível e que ela teria de esperar um pouco mais para levá-lo.

Pense e converse

- Por que o avô de Júlia disse que ela não poderia levar o filhotinho?

Comente suas ideias com os colegas e o professor.

1. As fotografias abaixo mostram casais de animais.

• Usando as palavras do quadro, escreva as legendas para essas imagens.

| sapo | tigresa | galo | tigre | sapa | galinha |

_____   _____   _____

O **macho** e a **fêmea** de cada um desses animais tiveram filhotes. Veja como é o nascimento deles.

O filhote da galinha (cerca de 8 cm de altura) nasceu de um ovo que ela botou e ficou chocando por um tempo.

O filhote do tigre nasceu da barriga da mãe.

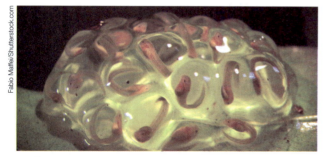

O filhote do sapo (cerca de 0,5 cm de comprimento) nasce de ovos que não têm a casca dura, como o da galinha, e a sapa não fica chocando.

O processo pelo qual os seres vivos **geram** descendentes é chamado de **reprodução**.

Gerar: produzir, formar.

125

Fecundação interna e externa

Para que a maioria dos animais se reproduza é preciso um macho e uma fêmea da mesma **espécie**.

Pavão e pavoa.

Cervo e cerva.

O macho e a fêmea irão produzir um **gameta**. O macho produzirá o gameta masculino, e a fêmea, o gameta feminino.

O primeiro passo para a reprodução é a união dos gametas. Esse processo é chamado de **fecundação**, que é o encontro do gameta masculino com o gameta feminino.

Nos leões, a fecundação é interna.

A fecundação nos jabutis é interna.

A fecundação nos sapos ocorre na água, portanto ela é externa.

Em leões e em jabutis acontece a **fecundação interna**. Nesse tipo de fecundação, a união dos gametas feminino e masculino ocorre no interior do corpo da fêmea.

Nos sapos e na maioria dos peixes a fecundação é **externa**. Nesse processo, a união dos gametas ocorre no meio externo, em geral nos ambientes aquáticos.

> **Espécie:** classificação para grupo de seres vivos que compartilham as mesmas características. Eles são capazes de reproduzir-se na natureza e gerar descendentes férteis.
>
> **Gameta:** estrutura especial necessária para a reprodução.

Animais ovíparos e vivíparos

Depois que aconteceu a fecundação, tem início o desenvolvimento do filhote. Nos animais de fecundação interna, o filhote pode desenvolver-se de duas formas.

- Em ovos e fora do corpo da mãe — esses animais são chamados de **ovíparos**. As aves, a maioria dos peixes, muitos tipos de répteis e quase todos os insetos são animais ovíparos.

Cisne chocando os ovos no ninho. Os filhotes ficam dentro dos ovos até o momento de nascer. Nos ovos estão os nutrientes e a água necessários a seu desenvolvimento.

- No interior da barriga da mãe — esses animais são chamados de **vivíparos**. O ser humano, o elefante, o carneiro, o gato, o porco, o golfinho e alguns tipos de tubarão são exemplos de animais vivíparos.

Embrião de porco com 33 dias (cerca de 1,5 cm de comprimento). Enquanto está na barriga da mãe, o filhote recebe tudo de que necessita para seu desenvolvimento. Quando nasce, está completamente formado.

Entre os filhotes de animais vivíparos, grande parte se alimenta de leite materno desde o nascimento até algum tempo depois. É o caso de seres humanos, gatos e cachorros.

Retome a resposta que você deu a Júlia na página 124. Por que o avô dela disse que ela teria de esperar um pouco para levar um dos filhotinhos da cadela Biquinha?

Atividades

1. O que são animais ovíparos? Dê dois exemplos.

_____

_____

_____

2. O que são animais vivíparos? Dê dois exemplos.

_____

_____

_____

Desenvolvimento dos animais

Observe as fotografias abaixo. Elas mostram os filhotes e os adultos da mosca e da traça-dos-livros.

Mosca.

Traça-dos-livros.

1. Agora converse com os colegas e o professor sobre as seguintes questões:

- O filhote da mosca é parecido com ela?
- E o filhote da traça-dos-livros, ele é semelhante ao animal adulto?

128

Desenvolvimento direto

Os animais cujos filhotes são semelhantes aos adultos têm **desenvolvimento direto**. Veja exemplos.

Ema acompanhada de filhotes.

Veado-da-cauda-branca com filhote.

Desenvolvimento indireto

Os animais cujos filhotes são diferentes dos adultos têm **desenvolvimento indireto**. O conjunto das transformações que ocorrem ao longo da vida desses animais recebe o nome de **metamorfose**. A mosca, o sapo e a borboleta são alguns exemplos. Observe as transformações pelas quais a borboleta passa durante a vida.

As cores e as proporções entre os tamanhos dos seres vivos representados não são as reais.

Esquema simplificado de desenvolvimento indireto em borboletas.

129

1. A imagem abaixo representa a metamorfose do sapo. Observe-a e depois responda às questões.

As cores e as proporções entre os tamanhos dos seres vivos representados não são as reais.

Esquema simplificado de desenvolvimento indireto em sapos.

a) A fecundação do sapo é interna ou externa?

___

b) Como é o nome do filhote do sapo? Onde ele vive?

___

c) Que modificações acontecem com o filhote do sapo até ele ficar com a forma de um sapo adulto?

___

___

___

- Quando o sapo está totalmente formado, ele não consegue mais respirar dentro da água!

Converse com os colegas e o professor sobre as alterações que ocorrem durante o desenvolvimento da borboleta e do sapo a partir do ovo.

130

Os seres humanos

1. Os seres humanos são animais. Com base no que você estudou até agora, faça um **X** na alternativa correta.

   a) Os seres humanos formam-se no interior da barriga da mãe; eles são animais:

   ☐ ovíparos. ☐ vivíparos.

   b) Quando nascem, os seres humanos são semelhantes aos adultos, porque eles têm desenvolvimento:

   ☐ direto. ☐ indireto.

2. O bebê da fotografia ao lado acabou de nascer. O corpo dele está formado. Agora, começa uma nova fase de seu desenvolvimento.

- O que vai acontecer com esse bebê nos próximos dois anos? Converse com um colega e escrevam o que vocês pensaram.

_____

_____

Fases da vida dos seres humanos

Após o nascimento, o desenvolvimento físico do bebê continua. Nos seres humanos, cada uma das fases da vida recebe um nome: **infância**, **adolescência**, **vida adulta** e **velhice**.

As cores e as proporções entre os tamanhos dos seres vivos representados não são as reais.

Fases da vida humana.

131

Atividades

1. Escreva as etapas do ciclo de vida dos animais indicados.

   Borboleta: _____

   Sapo: _____

2. Saori e Nicolas estavam vendo alguns álbuns de fotografia da avó deles. Ajude-os escrevendo nas etiquetas a fase de vida a que se refere cada álbum.

   Nessa fase da minha vida eu parei de trabalhar. Mas continuo a fazer uma porção de atividades. Cuido bem do meu corpo, para ter uma vida longa e saudável, e também dos meus netos!

   Nessa fase da minha vida eu comecei a ficar mais independente: aprendi a andar, a falar, a tomar banho e a me alimentar sem a ajuda dos adultos. Comecei também a ir à escola.

   Nessa fase da minha vida meu corpo atingiu o máximo de desenvolvimento. Eu trabalhava e já não morava mais com meus pais. Também me casei e tive meus dois queridos filhos.

   Nessa fase da minha vida ocorreram muitas mudanças no meu corpo.
   Nessa época, conheci meu primeiro namorado!

   Ilustrações: Marcos de Mello

O que estudamos

- Para a maioria dos animais reproduzir-se é preciso um macho e uma fêmea da mesma espécie.
- O primeiro passo para ocorrer a reprodução é a fecundação (união dos gametas masculino e feminino).
- Os animais cujos filhotes se desenvolvem na barriga da mãe são chamados vivíparos. Os animais que põem ovos são chamados ovíparos.
- A fecundação pode ser interna (no interior do corpo da fêmea) ou externa (no meio externo).
- O desenvolvimento dos animais pode ser direto (filhotes semelhantes aos adultos) ou indireto (filhotes diferentes dos adultos). O processo de transformação é chamado de metamorfose.
- Os seres humanos são animais vivíparos, de desenvolvimento direto.
- Os bebês são totalmente dependentes dos pais e, aos poucos, vão ficando mais independentes.
- As fases da vida humana são infância, adolescência, vida adulta e velhice.

Filhotes de tartaruga recém-nascidos indo para o mar.

133

Retomada

1. Sandra tem 5 anos de idade e mora em um sítio onde existem vários animais, entre eles o galo Caco e o pavão Gegê.
Certo dia, Sandra imaginou... que legal seria se os dois tivessem um filhote. Surgiria um bicho dos mais incríveis!

As cores e as proporções entre os tamanhos dos seres vivos representados não são as reais.

- De acordo com o que estudou, como você explicaria a Sandra que essa reprodução não será possível?

_____

_____

_____

2. Ligue corretamente o animal ao modo de gestação e ao filhote.

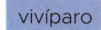

ovíparo

vivíparo

3. Veja a pintura reproduzida a seguir.

Pat Scott. *Animais de todo tipo*, [s.d.].
Óleo sobre tela.

a) Escreva o nome de três animais vivíparos e dois ovíparos retratados na pintura.

_____

_____

b) Todos os animais representados na obra têm o mesmo tipo de desenvolvimento. Qual é o tipo de desenvolvimento deles? Que elementos na imagem permitem chegar a essa conclusão?

_____

_____

135

Construir um mundo melhor

🌱 Extinção de seres vivos

No planeta Terra existem muitos tipos de animais e plantas. Além deles, há outros seres vivos, como bactérias e fungos.

Essa imensa variedade de vida que existe na Terra é chamada de **biodiversidade** ou **diversidade biológica**.

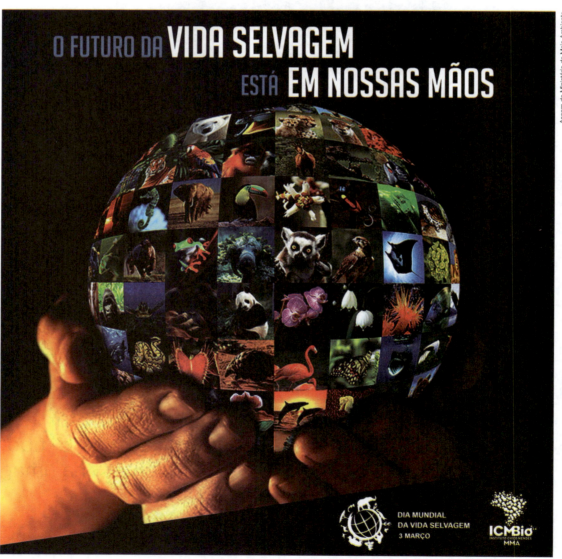

No dia 22 de maio é comemorado o Dia Internacional da Biodiversidade.

Todos os tipos de seres vivos são importantes para o equilíbrio da natureza, mas algumas ações humanas têm ameaçado de extinção um grande número de animais e plantas. Isso quer dizer que eles podem desaparecer da natureza!

Segundo a União Internacional para Conservação da Natureza (IUCN – sigla em inglês), cerca de 17 mil espécies de plantas e animais ao redor do mundo estão ameaçadas de extinção. Como o Brasil também enfrenta esse problema, você e os colegas pesquisarão sobre animais brasileiros que estão nessa situação e promoverão uma campanha para a preservação deles.

Como fazer

Etapa 1 – Pesquisa

Pesquise as informações a seguir em diferentes fontes, como livros e internet, e troque ideias com pessoas que conhecem o tema.

- Nome de três tipos de animais ameaçados de extinção no Brasil.
- Região onde cada um deles vive.
- Principais fatores de risco para essas espécies.

Analise os fatores que colocam essas espécies em risco e pense em sugestões para evitar a extinção delas.

Etapa 2 – Organização das informações

Registre no caderno todas as informações que você pesquisou.

Etapa 3 – Campanha

Os alunos devem preparar a campanha coletivamente. Para isso, elaborem cartazes com imagens de animais ameaçados de extinção e frases que incentivem as pessoas a tomar atitudes que evitem que isso aconteça.

Depois que os cartazes estiverem prontos, vocês podem fazer uma exposição.

Periscópio

📖 Para ler

De filhote a canguru, de Camila de la Bédoyère. São Paulo: Zastras, 2010.
O ciclo de vida do canguru é apresentado em fotografias: o acasalamento, a gestação, o nascimento e o crescimento.

De lagarta a borboleta, de Camila de la Bédoyère. São Paulo: Zastras, 2010.
O ciclo de vida da borboleta é apresentado por meio de fotografias: o acasalamento, a postura dos ovos, o nascimento da lagarta, sua transformação em pupa e em borboleta.

365 curiosidades de animais. São Paulo: Girassol, 2011.
O mundo animal é tão rico que esse livro apresenta 365 curiosidades sobre ele para que as crianças descubram, um pouco por dia, a incrível variedade de animais que habita nosso planeta, onde eles vivem, de que se alimentam e suas características mais importantes ou interessantes.

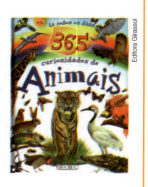

▶ Para assistir

O corpo humano. A incrível jornada humana – do nascimento à morte. BBC, 2003.
Série em 7 capítulos sobre o funcionamento do corpo humano. Uma fascinante viagem por todas as fases da vida em que você descobrirá como o ser humano se desenvolve.

Referências

ALVAREZ, A. R.; MOTA, J. A. *Sustentabilidade ambiental no Brasil*: biodiversidade, economia e bem-estar humano. Brasília: Ipea, 2010. (Série Eixos Estratégicos do Desenvolvimento Brasileiro, 7).

ATLAS VISUAL DA CIÊNCIA. *Rochas e minerais*. Barcelona; Buenos Aires: Sol 90, 2007.

_____. *Vulcões e terremotos*. Barcelona; Buenos Aires: Sol 90, 2007.

BEGON, M.; TOWNSEND, C.; HARPER, J. *Ecologia*: de indivíduos a ecossistemas. São Paulo: Artmed, 2007.

BEI COMUNICAÇÃO. *Minerais ao alcance de todos*. São Paulo: BEI, 2004.

BIESTY, S. *Conhecer por dentro*. São Paulo: Folha de S.Paulo, 1995.

BRASIL. Instituto Brasileiro de Geografia e Estatística: IBGE. *Atlas de saneamento 2011*. Disponível em: <https://biblioteca.ibge.gov.br/index.php/biblioteca-catalogo?view=detalhes&id=253096>. Acesso em: 10 out. 2017.

BRASIL. Lei nº 12.305, de 2 de agosto de 2010. Institui a Política Nacional de Resíduos Sólidos; altera a Lei nº 9.605, de 12 de fevereiro de 1998; e dá outras providências. *Diário Oficial da República Federativa do Brasil*, Brasília, 3 ago. 2010.

_____. Ministério da Educação. *Base Nacional Comum Curricular*. 3. versão. Brasília: MEC, 2017.

_____. Ministério da Educação. Secretaria de Educação Básica. *A criança de 6 anos, a linguagem escrita e o Ensino Fundamental de nove anos*: orientações para o trabalho com a linguagem escrita em turmas de crianças de seis anos de idade. Belo Horizonte: UFMG; FAE; Ceale, 2009.

_____. Ministério da Saúde. Secretaria de Atenção à Saúde. Departamento de Atenção Básica. *Guia alimentar para a população brasileira*. 2. ed. Brasília: Ministério da Saúde, 2014.

_____. Secretaria de Educação Fundamental. *Elementos conceituais e metodológicos para definição dos direitos de aprendizagem e desenvolvimento do ciclo de alfabetização (1º, 2º e 3º anos) do Ensino Fundamental*. Brasília, 2012.

BRASIL. Secretaria de Educação Fundamental. *Ensino Fundamental de nove anos*: orientações para a inclusão da criança de seis anos de idade. 2. ed. Brasília: MEC, 2007.

_____. Secretaria de Educação Fundamental. *Parâmetros Curriculares Nacionais*: Ciências Naturais. Brasília: MEC, 1997.

BRUSCA, R. C.; BRUSCA, G. J. *Invertebrados*. Rio de Janeiro: Guanabara-Koogan, 2007.

CACHAPUZ, A. et al. (Org.). *A necessária renovação do ensino das ciências*. São Paulo: Cortez, 2011.

CAMPBELL, N. A.; TAYLOR, M. R.; REECE, J. B. *Biology: concepts & connections*. 6. ed. San Francisco: Addison Wesley, 2008.

CAMPOS, M. C. C.; NIGRO, R. *Didática de Ciências*: o ensino e aprendizagem com investigação. São Paulo: FTD, 1999.

_____. *Teoria e prática em Ciências na escola*. São Paulo: FTD, 2010.

CANTO, E. L. *Minerais, minérios, metais*: de onde vêm? Para onde vão? São Paulo: Moderna, 2004.

CARVALHO, A. M. P. de (Org.). *Ensino de Ciências*: unindo a pesquisa e a prática. São Paulo: Thomson Pioneira, 2006.

CIÊNCIA HOJE NA ESCOLA. Rio de Janeiro: Sociedade Brasileira para o Progresso da Ciência, n. 3: Corpo humano e saúde, 2006.

_____. Rio de Janeiro: Sociedade Brasileira para o Progresso da Ciência, n. 10: Geologia, 2006.

_____. Rio de Janeiro: Sociedade Brasileira para o Progresso da Ciência, n. 12: Eletricidade, 2006.

COLL, C. et al. *O construtivismo na sala de aula*. São Paulo: Ática, 2006.

COSTA, F. A. P. L. *Ecologia, evolução & o valor das pequenas coisas*. Juiz de Fora: Editora do Autor, 2003.

COSTA, Larissa; BARRÊTO, Samuel Roiphe (Coord.). *Cadernos de educação ambiental água para vida, água para todos*: livro das águas. Texto: Andrée de Ridder Vieira. Brasília: WWF Brasil, 2006. Disponível em: <www.wwf.org.br/informacoes/bliblioteca/?2986>. Acesso em: 10 out. 2017.

COSTA, M. B. F. O. *Programa, conteúdo e métodos de ensino da disciplina Fundamentos de Física Moderna*. Coimbra, 2011. Disponível em: <https://estudogeral.sib.uc.pt/bitstream/10316/20657/1/Fundamentos%20de%20F%C3%ADsica%20Moderna.pdf>. Acesso em: 10 out. 2017.

DE BONI, L. A. B.; GOLDANI, E. *Introdução clássica à Química Geral*. Porto Alegre: Tchê Química Cons. Educ., 2007.

DELIZOICOV, D.; ANGOTTI, J. A.; PERNAMBUCO, M. *Ensino de Ciências*: fundamentos e métodos. São Paulo: Cortez, 2007.

DEVRIES, R; KAMII, C. *O conhecimento físico na educação pré-escolar*: implicações da teoria de Piaget. Porto Alegre: Artes Médicas, 1984.

DIAS, G. F. *40 contribuições pessoais para a sustentabilidade*. São Paulo: Gaia, 2005.

DINOSSAUROS. Tradução: Marcelo Trotta. São Paulo: Ática, 2009. (Série Atlas Visuais).

EL-HANI, C. N.; VIDEIRA, A. A. P. *O que é vida?* Para entender a biologia do século XXI. Rio de Janeiro: Relume-Dumará; Faperj, 2000.

ESPINOZA, A. M. *Ciências na escola*: novas perspectivas para a formação dos alunos. São Paulo: Ática, 2010.

ESPOSITO, B. P. *Química em casa*: Projeto Ciência. 4. ed. São Paulo: Atual, 2016.

FARIA, Ivan Dutra; MONLEVADE, João Antônio Cabral. Módulo 12: higiene, segurança e educação. In: BRASIL. Ministério da Educação. Secretaria de Educação Básica. *Higiene e segurança nas escolas*. Brasília: Universidade de Brasília, 2008.

FARIA, R. P. *Fundamentos de Astronomia*. Campinas: Papirus, 2001.

GROTZINGER J.; JORDAN T. *Para entender a Terra*. 6. ed. Porto Alegre: Bookman, 2013.

GUERIN, N.; ISERNHAGEN, I. *Plantar, criar e conservar*: unindo produtividade e meio ambiente. São Paulo: Instituto Socioambiental, 2013.

HOFFMANN, J. *Avaliação, mito e desafio*: uma perspectiva construtivista. Porto Alegre: Mediação, 2011.

KRASILCHIK, M.; MARANDINO, M. *Ensino de Ciências e cidadania*. São Paulo: Moderna, 2007.

LEITE, H. F. *Energia e Natureza*. São Paulo: Moderna, 1993. (Coleção Viramundo).

LIMA, V. C.; LIMA, M. R.; MELO, W. F. *O solo no meio ambiente*: abordagem para professores do Ensino Fundamental e Médio e alunos do Ensino Médio. Curitiba: Dep. de Solos e Eng. Agr., 2007.

LLOYD, C. *O que aconteceu na Terra?* Rio de Janeiro: Intrínseca, 2011.

MARGULIS, L.; SCHWARTZ, K. V. *Cinco reinos*: um guia ilustrado dos filos da vida. Rio de Janeiro: Guanabara Koogan, 2001.

NIGRO, R. G. *Ciências*: soluções para dez desafios do professor. 1º ao 3º ano do Ensino Fundamental. São Paulo: Ática, 2011.

POUGH, J. H.; JANIS C. M.; HEISER, J. B. *A vida dos vertebrados*. São Paulo: Atheneu, 2008.

QUÍMICA no dia a dia. *Ciência Hoje na Escola*, Rio de Janeiro: SBPC, v. 6, 1998.

RAVEN, P. H. *Biologia vegetal*. Rio de Janeiro: Guanabara Koogan, 2007.

RIOS, E. P. *Água, vida e energia*. São Paulo: Atual Editora, 2004. (Projeto Ciência).

RUPPERT, E. E.; FOX, R. S.; BARNES, R. D. *Zoologia dos invertebrados*. São Paulo: Roca, 2007.

SILVEIRA, Ghisleine T.; EDNIR, Madza. *Almanaque da Água*. Sabesp: [S.l.], 2008.

SOBOTTA, J. *Atlas de anatomia humana*. 23. ed. Rio de Janeiro: Guanabara Koogan, 2013.

SOCIEDADE BRASILEIRA DE ANATOMIA. *Terminologia anatômica*. Barueri: Manole, 2001.

STORER, T. I.; USINGER, R. L. *Zoologia geral*. São Paulo: Nacional, 2003.

TEIXEIRA, W. et al. *Decifrando a Terra*. São Paulo: Oficina de Textos, 2000.

TOWNSEND, C. R.; BEGON, M.; HARPER, J. L. *Fundamentos em Ecologia*. 3. ed. Porto Alegre: Artmed, 2010.

TUNDISI, H. S. F. *Usos da energia*: sistemas, fontes e alternativas do fogo aos gradientes de temperatura oceânicos. 14 ed. São Paulo: Atual Editora, 2002.

WEISSMANN, H. (Org.). *Didática das ciências naturais*: contribuição e reflexão. Porto Alegre: Artmed, 1998.

ZANELA, C. *Fisiologia humana*. Rio de Janeiro: Seses, 2015.

Material complementar
Unidade 1 – página 16

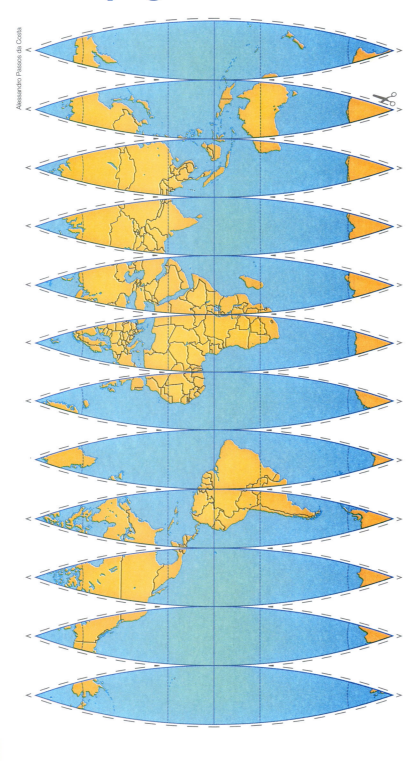

Cuidado ao manusear a tesoura.

Legenda
recortar
dobrar

Material complementar
Unidade 4 – página 57

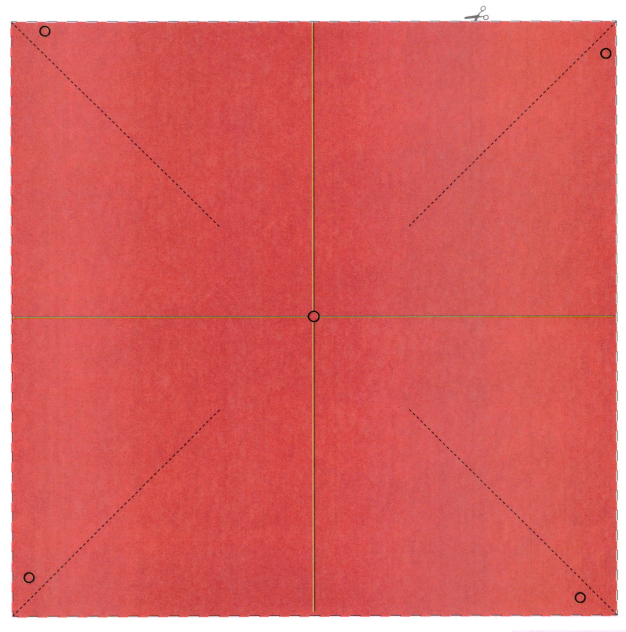

Cuidado ao manusear a tesoura.

Legenda

recortar
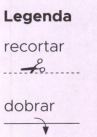

dobrar

143